Eduard Emile Eckert

Eine Fackel gegen Luge und Unverstand

Eduard Emile Eckert

Eine Fackel gegen Luge und Unverstand

ISBN/EAN: 9783743695672

Hergestellt in Europa, USA, Kanada, Australien, Japan

Cover: Foto ©ninafisch / pixelio.de

Weitere Bücher finden Sie auf **www.hansebooks.com**

Eine Fackel

gegen

Lüge und Unverstand.

von

Eckert,

[illegible]

Bei fortschreitender Finsterniß neue Fackeln.

Wien, Juli [illegible].

Druck von Alexander Eurich.

Zu beziehen in Prag nur von der Credner'schen Hof-Buchhandlung. Preis 1 fl. In Wien gegen baar bei Alex. Eurich. Buchhandlungen haben den üblichen Rabatt.

Gedanken-Folge.

I. Allgemeine Einleitung: Eine geheime und über die ganze gebildete Welt verbreitete Gesellschaft, erstrebt mit Erfolg die Auflösung aller christlich-monarchischen Staatsordnung. S. 1.

II. Erstes Streiflicht: Ein christlicher Staat! — ohne christliches Bekenntniß? — (Der Sturm gegen das Concordat, und das sogenannte Religions-Edict im Abgeordnetenhause in Oesterreich.) S. 2.

Besondere Einleitung. Die Taktik jener geheimen Gesellschaft, speciell zu kirchlichen Verderben. S. 3.

Text 1. Alle Völker- und Staatengesellschaften, bis zur Bildung der Vereinigten Staaten von Nordamerika herab, bekannten sich als Gesellschaften zu einer Religion, als zu der ihres Staates. Und diese einzige Ausnahme der neuesten Zeit zeigt nur verderbliche Folgen. S. 4.

2. Diese Einigkeit und Allgemeinheit des religiösen Bekenntnisses aller Staatengesellschaften kann keine zufällige Erscheinung im Menschheitsleben sein, sondern muß auf innerer positiver Nothwendigkeit, auf göttlichem Naturgesetz ruhen. Und so ist es. S. 5.

3. Der Mensch, körperlich schwach, kann sich schon gegen die Thierwelt nur erhalten, durch Verbindung von Menschenkräften und durch Entwicklung seiner geistigen Ueberlegenheit. Beides ist nur möglich im Gesellschaftsleben, also ist das Gesellschaftsleben das ihm bestimmte Mittel seiner Erhaltung. S. 6.

4. Aber der Mensch wird in diesem Gesellschaftsleben des Menschen schlimmster Feind und macht das Gesellschaftsleben unmöglich, wenn seine wilden Leidenschaften keinen morali-

schen Zügel erhalten; doch Moral einer Allgemeinheit ist auf Dauer undenkbar, ohne religiöse Grundlage, ohne Glauben an ein höheres Fortleben, an ein göttliches Willensgesetz, an die Bestimmung des Menschenlebens für religiös-moralische Veredlung; denn warum moralisch sein, sich Entbehrungen auferlegen, wenn es keine moralische Bestimmung, kein Moralgesetz gibt? — Ist aber das ganze Menschenleben unmöglich ohne diesen Glauben, so muß ja doch nothwendig das Glaubens-Object eine selbstredende, im Naturgesetz selbst offenbarte Wahrheit sein. S. 6.

5. Ist nun der Glaube an ein göttliches moralisches Willensgesetz, zum Zweck menschlicher Veredlung, Grundbedingung selbst des physischen Fortlebens der Menschen und der Erhaltung staatlicher Gesellschaften, und ist somit dieses Glaubens-Object eine nothwendige offenbarte Wahrheit; kann ferner der Zweck des Staatslebens kein anderer sein als der, das Mittel der Förderung der Menschenbestimmung zu ergeben, und lautet diese Bestimmung auf religiös-moralische Veredlung, so muß auch deren möglichste Entwicklung die nächste Sorge jeder staatlichen Regierung sein. Ist dann weiter diese religiös-moralische Veredlung allein nur das Resultat des Glaubens an das göttliche Willensgesetz, so muß der Grad der Innigkeit dieses Glaubens in der Allgemeinheit der Menschen, auch den Grad des religiös-moralischen Selbstlebens, also den Grad der Erreichung des Staatszweckes ergeben, mithin muß eben seine Kräftigung vom Staat ernstlich zu erstreben sein. Dafür aber sind nur zwei Mittel denkbar, Lehre und Beispiel, folgerecht muß der Staat das Beispiel des innigen Bekenntnisses zum religiösen Gesetz in Wort und im Staatsleben geben und jede die Glaubensinnigkeit störende Entwicklung unterdrücken. Jene geschichtliche Erscheinung ist also in Wahrheit nur das Resultat des moralischen, ja, des physischen Selbsterhaltens des Menschenlebens. S. 11.

6. Das Bekenntniß des Staates zu einer Religion erzeugte also den Begriff der Staatskirche, die in doppelter Form erschien, in der monarchischen, des Bekenntnisses der politischen Staatsgewalt zur Mitgliedschaft an der religiösen Gemeinde, sodann

jedem physischen Mitgliede in dieser Gemeinde, und in der Form der organischen Verschmelzung von Kirche und von Staat zu einer entweder theokratischen oder zu einer politischen Einheit. Jene erstere natürliche Form bildete sich in der katholischen Kirche heraus, die letztere Form, in der ganzen Gattungsart, wurde von den Protestanten gewählt. S. 13

7. Ruht der katholische Begriff der Staatskirche im Erkenntniß der Mitgliedschaft des Staates, als moralischer Person, in der kirchlichen Gesellschaft, so folgt daraus, daß er die Pflichten jedes Mitgliedes gegen die Kirche, gleichartig hat und erfüllen muß, so weit rechtlich möglich, also bezüglich anderer Religionsgemeinden, so weit die staatsrechtlichen Pflichten auch ihrer Schützung und gerechten Duldung gestatten. Die Kirche ist damit in rein kirchlichen Dingen die höhere, selbstständige Autorität, die Staatsgemeinde hat als ihr Mitglied ihre Lehren zu hören, ihre Jugend von ihr in diesen Lehren erziehen zu lassen. Der Staat hat sein staatliches Leben nach den Kirchenlehren und Ordnungen, gleich dem Privaten, zu regeln und die Kirche mit ihren Lehren zu schützen. S. 14

8. Der protestantische Begriff der Staatskirche ist die Entsagung der Uebertragung der höchsten bischöflichen Kirchengewalt an das Staats-Oberhaupt, womit sich die Kirche dem politischen Staatsorganismus unterfügt. Menschenwille und Menschengesetz dürfen sich darin als Gottes Wille und als Gottes Gesetz geben. Da aber alle Volks Moralität nur auf dem Volksglauben an ein göttliches Willensgesetz ruht, so folgt nothwendig, daß das Menschengesetz keine moralische Wirkung in den Gemüthern gewinnen könne, mithin, daß die Kirche mit ihrem religiösen Moralgesetz über menschlichem Willen frei erhaben stehen müsse. S. 15

9. Oesterreichs Bevölkerung in ihrer Allgemeinheit ist katholisch und seine Fürsten bekannten sich bis auf Josef II. zum reinen katholischen Begriff der Staatskirche. Josef II. zwang den Katholiken den protestantischen Begriff der Staatskirche plötzlich auf und die Wirkungen waren traurige. Die protestantischen Kirchen wurden dagegen zu einer einheitlichen, selbstständigen,

seinen Kirchenrechte verbunden und entwickelt. 1849 ward die Freiheit auch der katholischen Kirche wieder anerkannt und der katholische Begriff der Staatskirche ziemlich wieder hergestellt. Und endlich sicherte das Concordat diese unvollständige Selbstständigkeit der Kirche mittelst Staatsvertrages, ohne Neues zu schaffen. S. 24.

10. Die Vergleichung der heutigen staatlichen Stellungen der katholischen und der akatholischen Kirchen in Oesterreich, ergibt die Gewißheit: daß die akatholischen Kirchengemeinden sich der vollständigsten Freiheit und Selbstständigkeit, ja in einem Grade erfreuen, der ihren eigenen Kirchenordnungen widerspricht und ihnen in den Staaten ihres eigenen Bekenntnisses nicht zusteht, daß dagegen die katholische Kirche, selbst in ihren innersten Wesenheiten, der staatlichen Vormundschaft unterworfen blieb. Die wenigen Vorzüge der katholischen Kirche, als: ihre Stellung als Staatskirche, ihre Mitleitung und religiöse Ueberwachung der Bildungsanstalten des Staates, die Ehrenstellungen ihrer Bischöfe und die kirchenrechtlichen Begünstigungen, sind theils nur gerechte Consequenzen der katholischen *Allgemeinheit* der Staatsbürger und ihres Eigenthumsrechtes, gegenüber den akatholischen Ausnahmen, theils des Dienstverhältnisses der Bischöfe zum souveränen Kirchen-Oberhaupt, theils und insonderheit der Kirchen-Verfassungen der Akatholiken selbst, welche Bischöfe und Klöster verwerfen, ihren Bekennern also den gleichen Rechtsgenuß gar nicht möglich werden lassen. S. 30.

11. Woher nun das wilde Geschrei über den himmelschreienden Druck des Concordates auf die akatholischen Gemeinden, auf Wissenschaft, Lehre und Leben? — Der glücklichere Akatholik hat kein Recht dazu. — Die Wissenschaft war ein Kind der Kirche, und um dieses Kind *vor Entartung zu bewahren* und seine Verderbung des religiös-moralischen Volkslebens abzuhalten, hat die Kirche nur ein Theilnahmsrecht an der religiösen Erziehung in den unteren Bildungsanstalten und das Recht, mit Beschwerden über „die Religion und Moral verletzende Schriften und Lehren," von den weltlichen Behörden gehört zu werden, nirgends aber hat sie entscheidende Macht. Man verlange also in Wahrheit nur

den Staatsschatz zum Angriff auf die Religion und auf die Moral mittelst Mißbrauches gefälschter Wissenschaft. S. 41.

12. Ebenso unwahr ist das Geschrei über den Druck des Concordates auf das Leben. Die Forderung katholischer Kindererziehung bei Mischehen, als Bedingung katholischer Einsegnung, ist im Concordat gar nicht erwähnt, sondern ist gleichartige Pflicht jeder Priesterschaft, gleichviel welchen Glaubens, weil sonst die Mischehen die Glaubensinnigkeit beiderseits abschwächen, auf welcher alle Moral des Volkes und selbst alle staatliche Sicherheit ruhen, wogegen die Leidenschaften und Speculationen Einzelner, die überdem die meisten Felder für ihre Beschäftigung haben, nicht ins Gewicht fallen. S. 42.

13. Ebenso findet das Geschrei über die Nichtzulassung protestantischer Leichenreden auf katholischen Kirchhöfen, über die Versagung des kirchlichen Begräbniß-Ceremoniells und Segens an Leute, die sich im Leben thatsächlich von der Kirche getrennt hatten, und an bewußte Selbstmörder, im Concordate keinen Haltpunkt, wohl aber hat jede Kirche solche ganz natürliche Pflichten. Die Begräbnißplätze sind Kirchen-Zubehörungen, und in ihnen Lehren und Ceremonien, welche denen der fraglichen Kirche widersprechen, sie also thatsächlich der Lüge zeihen, ihre Gläubigen auch nur hören und ansehen zu lassen, ist keiner Priesterschaft anzusinnen; sie hat die Pflicht, über die Innigkeit des Glaubens an sie zu wachen. Die gleiche Behandlung der ungläubigen und verbrecherischen Kirchenglieder, — die keine Reue erklärten — mit den gläubigen Gliedern, hieße Tugend und Verbrechen gleichstellen und damit die Volksmoral vergiften. S. 44.

14. Aber das Concordat soll Oesterreich die Sympathien des liberalen Europa, insonderheit Deutschlands genommen haben! — Nun, die Protestanten berührt das Concordat gar nicht, also ihre Glaubensgenossen können nicht zürnen; es können also „die Liberalen" hier nur jene Männer sein, die in Europa Staat und Kirche zu zerstören suchen; folglich soll die kaiserliche Regierung, ihren Lebensfeinden zu gefallen, ihre alten natürlichen Fundamente, die treue Anhänglichkeit ihrer katholischen Unterthanen und des katholischen Deutschlands, sich zerbrechen, und die

Sympathien der Conservativen Europas, welche die ungeheure Mehrheit enthalten, nicht aber Schweizer sind, von sich stoßen. S. 47.

15. Gibt es also auch nicht einen haltbaren Beschwerdepunkt über das Concordat, so muß der wahre Grund des Sturmes dagegen ein geheimer sein. Es schimmert hervor aus dem, was man schaffen will, aus dem s. g. Religions-Edict. Es kann nicht zum Leben kommen, weil es den Staat vom Christenthum ablösen und die katholische Kirche in ihrem Wesen aufheben soll, das Concordat aber, als Staatsvertrag, entgegensteht. Beweis dieser staatsrechtlichen Eigenschaft des Concordats S. 48.

16. Der Entwurf des Religions-Edictes legt dem Staatsrecht den Grundsatz unter: Der Staat, als politische Gesellschaft ist ohne jede Religion. Er überläßt diese dem Belieben jedes Staatsbürgers und der freien Vereinigung, mit Vorbehalt seiner Polizei-Gewalt über alle Vereine. Er erkennt daher auch keinen religiösen Act, weder Taufe, noch Trauung u. s. w. an, die er geschehen läßt als ihn nicht berührende Acte. Er fordert auch keinen Eid. — Die staatliche Polizei-Willkür setzt sich damit an die Stelle des göttlichen ewigen Kirchengesetzes. Der Staat streift das Christenthum wieder ab, und unter dem polizeilichen Schutz darf der alte, in den Maurer-Logen erhaltene Heidenkultus aus seinem langen Grabe wieder ins Leben treten. Das Menschenleben suchen diese modernen Gesetzgeber in zufälligem, mechanischem Ursprung, seine Bestimmung im sinnlichen Genusse. Verwilderung der Massen, Auflösung der Staatsgesellschaft unter den Trümmern aller christlichen Kirchen, müssen die nothwendigen Folgen werden. Und alle christlichen Confessionsgemeinden haben nur das gleiche Interesse, die gleiche Pflicht des gesetzlichen Widerstandes. S. 52.

II. Streiflicht. Ein Rechtspunkt — mit Wegnahme kirchlichen Eigenthums? — S. 54.

Einleitung. Die öffentlichen Lehren der Immoralität seit Mitte des vorigen Jahrhunderts, welche die Tugend zum Laster, das Laster zur Tugend machen, erzeugten auch die Frucht der Mißachtung des Eigenthums. Und man beging das Unrecht, ja das Verbrechen, unter schönen Namen und unter angeblichen Zwecken von logischen

Gegensätzen. Eine Partei will auch in Oesterreich das Eigenthum der Kirche nehmen, um einen Rechtsstaat erst zu schaffen! Aber er war in Oesterreich früher vorhanden. Was also bedeutet heute ein Rechtsstaat? — freimaurerische Willkürherrschaft. S. 62.

Text. 1. Die physische Weltordnung ruht auf gewissen mechanischen Fundamentalgesetzen und gleichergestalt wird die moralische Welt getragen von gewissen Grundprincipien. Die Verletzung oder Wegnahme eines jener Gesetze der Natur oder dieser Grundprincipe der Moral, stürzt die ganze physische oder moralische Weltordnung. Diese Fundamental-Grundsätze der Moral sind in den göttlichen zehn Geboten geoffenbart und in ihnen liegt auch das Gesetz der Heiligkeit des Eigenthums. Verletzt dieses die von Gott gesetzte Obrigkeit selbst, so nimmt sie selbst dem Volk den Glauben an diese Heiligkeit und provocirt den Raub. Die Geschichte der Neuzeit bestätigte diese natürliche Voraussetzung und zeigte die wachsende Macht einer, nach der allgemeinen Eigenthumszerstörung strebenden geheimen Weltverbindung. S. 62.

2. Die christliche Kirche lehrte mit Nachdruck diese Heiligkeit des Eigenthums als Gottes-Gebot, und als absolute Bedingung alles geistigen, moralischen und physischen Gedeihens der Menschheit, wofür es zu verwenden, solches von Gott Einzelnen anvertraut sei, und weshalb der Mißbrauch des Eigenthums gleich schwere Sünde sei, als der Raub. Und dieser Eifer der Kirche trug nach den Erfahrungen der Geschichte die herrlichsten Früchte, so lange nicht die modernen Lehren der Verworfenheit und staatliche Eingriffe, den kirchlichen Lehren entgegentraten. Die Vermögenden betrachteten ihr Vermögen als anvertrautes Gut Gottes, das sie zum Heil ihrer Mitmenschen verwendeten und der Verwendung dafür auch nach ihrem Tode bestimmten. Und sie vertrauten diese Verwendung der Kirche an, von der sie die Lehre hatten. Andere erkannten dankbar das heilsame Wirken der Kirche überhaupt und die Wahrheit: daß der Umfang der Mittel, den Umfang dieses heilsamen Wirkens bestimme, und daß zunächst eine würdige und freie Lebensstellung der Kirche, — möglich nur in entsprechendem Selbstständigkeit, — diese heilsame Wirksamkeit der Kirche sichere. Sie bestimmten Vermögen für diese kirchliche Stellung. So ent-

stand das heutige Kirchen-Vermögen aus den edelsten Motiven für die heilsamsten Zwecke. Der Clerus selbst endlich gab die schönsten Vorbilder solcher Vermögens-Verwendung. Aber diese Quelle öffentlicher Wohlfahrt wird verschüttet durch Mißachtung ihrer Heilighaltung. S. 65.

3. Die Wegnahme des kirchlichen Vermögens bedeutet also die Zerstörung der Selbstständigkeit der Kirche; die Vernichtung der Selbstständigkeit bringt die Auflösung der Kirche, diese aber den religiös-moralischen Verfall der Menschen-Gesellschaft und somit auch die staatliche Zerstörung. Darauf hin arbeiten die kirchlichen Feinde. Sie suchen darum zunächst in allen Ländern: der Kirche die Möglichkeit materiellen Wohlthuns, sei es durch Krankenpflege oder sonstige materielle Beihülfen an die Armuth, zu entziehen. Das Volk darf in der Kirche nicht mehr die fürsorgende Mutter dankbar empfinden, sondern soll in ihr nur die strenge moralische Gebieterin, die nur Entsagung und Geld von ihm fordert, erblicken. Die Geschichte der Neuzeit bestätigte auch dieses, und daß überdem kein Kirchenraub dem Staat Früchte trug. S. 67.

4. Endlich kann erweislich der Rest des heutigen katholischen Kirchen-Vermögens in Oesterreich nicht einmal dem Staat auch nur einige Mittel gewähren, weil sein Umfang kaum ausreicht, den kirchlichen Bedarf zu bestreiten, den der Staat dann übernehmen müßte. Das Alles wissen die Gegner, mithin können nicht — wie man vorgibt, — finanzielle Motive in Wahrheit ihrem Streben zum Grunde liegen. S. 68.

Allgemeine Einleitung,

oder

geborgt aus dem Manifest der Regierung der Templer und der Rosenkreuzer im Freimaurer-Orden bei ihrem Sturz durch das heidnisch demokratische, heute allgemeine sogenannte „neu-englische Freimaurer-System“ abgedruckt in der „als Manuscript für Brüder“, bei Schöne in Berlin 1794 erschienenen Freimaurer-[illegible], 3tes Stück

„Eine große Secte erwachte; durch sie ist die ganze Menschheit auf ganze Geschlechter hinaus vergiftet und verführt worden. Die Gährungen unter den Völkern sind ihr Werk. Auf den politischen Wahnwitz der Nationen gründete sie die Entwürfe ihres unersättlichen Ehrgeizes. Ihre Stifter wußten sehr gut, wie dieser Meinung in die Köpfe der Völker zu pflanzen sei. Sie fingen mit der Verächtlichmachung der Religion an! — Spott und Hohn waren die Waffen dieser Secte, zuerst gegen die Religion selbst, dann gegen ihre Diener. Grundsätze der Zügellosigkeit wurden von den Dächern gepredigt und die Zügellosigkeit nannte man Freiheit. Die Obrigkeiten nannte man Despoten. Man erfand Menschenrechte, die selbst in dem Gesetzbuch der Natur nirgends anzutreffen waren, und forderte die Völker auf, ihren Fürsten diese Rechte abzuringen. — Der Plan einer allgemeinen Zerstörung aller gesellschaftlichen Bande und Ordnungen offenbarte sich in allen ihren Reden und Thaten. Sie überschwemmte die Welt mit zahllosen Büchern, sie warb Gesellen von Rang und Macht, und sie betrog die scharfsinnigsten Köpfe durch Vorspiegelungen edler Absichten. In die Herzen der Jugend streute sie den Samen der Begehrlichkeit und entflammte sie mit dem Zunder der unersättlichsten Leidenschaften. Die Meister derselben hatten nichts weniger als die Throne der Erde zu ihrem Gesichtspunkt und die Regierung der Völker sollte von ihrem mitternächtlichen Kreise geführt werden. Mißbrauch unseres Bundes und Mißverständniß unserer Geheimnisse hat alle die politischen und moralischen Verwirrungen hervorgebracht, von denen jetzt die Erde überschwemmt ist. Niemand anders als abtrünnige Brüder unseres Bundes sind die Urheber aller gegenwärtigen und noch bevorstehenden Revolutionen gewesen und werden es sein. — Alle Secten und Ketzereien des Christenthums haben ihren Ursprung von ihnen, Schwindel und Wahnwitz gehen aus geheimen Kreisen in die Welt aus. Die Köpfe glühen und die Herzen frieren. Man versteht die Stimme der Lehrer und Väter nicht mehr. Ein schreckliches Chaos von niedrigen Leidenschaften wälzt sich von Kreis zu Kreis fort und bildet beinahe ein Ungeheuer, dem erst künftige Generationen sein gräßliches Haupt abschlagen können."

Erstes Streiflicht.

(Eine christliche Secte! — oder christlicher Geheimbund? — Das sogenannte Religions-Edict im Preußischen und der Sturm gegen das Censuredict.)

Besondere Einleitung,

oder

geborgt aus dem Entwurf einer Schilderung des menschlichen Verstandes, Epoche 9, des berühmten hohen französischen Freimaurer-Ordensbruders Condorcet.

„Es hat sich in Europa eine Classe von Menschen gebildet, welche nicht so wohl beschäftigt waren, die Wahrheit (? — !) zu entdecken, als sie zu verbreiten, die sich bestrebten, den Vorurtheile (? — !) in den Freistätten, wo sie der Clerus, die Schulen, die Regierungen und die alten Gesellschaften gesammelt und geschützt hatten, zu verfolgen. Sie haben alle Töne angenommen und sich aller Formen bedient, sie haben scherzhafte und pathetische, die gelehrtesten und weitläuftigsten Schriften, sie haben Romane und fliegende Blätter in die Welt hinausgeschickt, sie haben die Wahrheit (? — !) mit einem Schleier umhüllt, welcher die gar zu schwachen Augen schonte und die Lust erweckte, sie zu errathen, sie schmeichelten den Vorurtheilen (? — !) mit Geschicklichkeit, um ihnen desto sicherer Streiche zu versetzen. Sie drohten fast niemals Mehreren auf einmal oder auch ganz einem Einzigen. Sie täuschten manchmal die Feinde der Vernunft (? — !), da sie sich anstellten, als wollten sie nur eine halbe Duldung in Religionssachen und in der Politik eine halbe Freiheit; sie wußten ganz artig den Despotismus zu brauchen, wenn sie die religiösen Ungekrönten (? — ?) beschützten, aber sie wußten auch den Gottesdienst zu brauchen. wenn sie wider den Tyrannen sprachen, sie griffen diese zwei Plagen in ihrem Grunde an, wenn sie nur schienen, die widersinnigen und lächerlichen Mißbräuche davon heben zu wollen, und sie höhlten diese unglücklichen Bäume in ihren Wurzeln aus, da sie nur einige überflüssige Schößlinge auszuschneiden schienen. Bald lehrten sie die Freunde der Freiheit, daß der Aberglaube (? — ?), welcher den Despotismus mit einem undurchdringlichen Schilde deckt, das erste Schlachtopfer sei, das sie erwürgen sollten und die erste Kette sei, die sie erwürgen müßten. Bald im Gegentheil stellten sie den Despoten (? — !) den Aberglauben (? — ?) vor als den wahren Feind ihrer Macht und erschreckten sie mit der Schilderung seiner heuchlerischen Verschwörung und seiner blutdürstigen Wuth. Sie vergaßen niemals die Unabhängigkeit der Vernunft und die Preßfreiheit als die Wohlfahrt und das Recht der menschlichen Gesellschaft zu fordern. Endlich nahmen sie das Feldgeschrei Vernunft, Duldung, Menschheit an.

Ihre Häupter haben allezeit die Kunst gehabt, der Rache zu entwischen, indem sie sich dem Hasse preisgaben, um sich vor Verfolgungen zu verbergen, indem sie sich vergnügt zeigten, um nichts von ihrer Ehre zu verlieren."

(Man sieht augenscheinlich, daß auch hier „Despoten, Monarchen und Aberglaube" christliche Kirche bedeuten.)

So lange wir Weltgeschichte haben, stellt uns auch in ihr die Erscheinung entgegen, daß bis zur neuesten Zeit, bis zur Bildung der Freistaaten Nordamerika's, nicht eine staatliche Gesellschaft vorhanden war, welche als solche sich nicht zu einer bestimmten Religion bekannt hatte. Und diese einzige nordamerikanische Ausnahme ist noch eine so junge und doch schon ersichtlich eine solche Erscheinung, welche nur von der Nachfolge abzuschrecken geeignet sein kann, denn wir erblicken in jener jungen Republik schon, nach kaum drei Generationen, ein vollständiges Hinsterben alles moralischen Lebens, ein Ersticken desselben durch die zügelloseste speculirende Selbstsucht, die kein göttliches, kein menschliches Recht mehr anerkennt. Bereits zum traurigen Gemeingut der Massen geworden, hat diese gierige Selbstsucht nicht nur schon aufgehört, als Schande und als ehrenwidrig betrachtet zu werden, sondern sogar im Gegentheil, je schlauer und kühner sie hervortritt, für um so ehrender, um so empfehlender für die Wahlen in die Aemter des Staates und für die Sitze der Gesetzgeber wird sie gehalten. Und doch hat die junge Republik kaum erst das Menschenalter überlebt, deren erstere Generation noch im christlichen Staate fromm erzogen, die zweite Generation mit Wort und Beispiel so viel wie möglich sich nachzubilden bemüht war, so daß auch diese noch starke wohlthätige Nachwirkungen des einstigen christlichen Staates auf die dritte Generation übertrug. Die Menschheit im großen Ganzen ist nur ein Gesammtausdruck des menschlichen Einzelwesens. Nicht über Nacht verwildert der Mensch, nicht mit dem Wechsel eines Jahres entartet eine menschliche Gesellschaft. Die gute wie die böse Richtung des Menschen und der Menschen-Gesellschaften sind Resultate ihrer Erziehung. Wohin muß noch die junge Republik in folgenden Generationen fortschreiten, deren jede nach dem Geist der menschlichen Natur tiefer eintritt in die Bahn des Fortschreitens zu weiterer sittlicher Verfall etwa?

Schon diese noch so junge Erfahrung ladet also nicht zur Nachfolge ein, sondern schreckt vielmehr davon ab, ihrem Abwege von dem Pfade, den bisher alle Völker innehielten, zu folgen, folglich muß in jener einzigen Innehaltung jenes ursprünglichen Pfades seitens aller staatlichen Gesellschaften, gleichviel auf welcher Stufe der Bildung sie standen, mehr als eine Zufälligkeit zu suchen sein, sie muß auf einer inneren Nothwendigkeit für das allgemeine Menschenleben, also auf einem göttlichen Urgesetz ruhen. Und das ist die Wahrheit, der schlagende Beweis liegt zur Hand. Aber ich will keinen Grund dafür aus der christlichen Offenbarungslehre hernehmen, ich will selbst keinen der Moral entlehnen, — denn die Geister und die Herzen der Menschen unserer Tage sind Dem schon verschlossen; ich will mich deshalb auf die niedrigste Stufe möglicher Auffassungsweise, auf die der speculativen Geschichte stellen, auf dersen traurigen Standpunkt, den die Menschheit heute allein noch ersieht, für den allein noch das Interesse lebe.

Ist nicht die ganze Welt im großen Ganzen mit allen ihren Theilen eine bloße Zufälligkeit, so kann sie nur das Werk einer höchsten göttlichen Weisheits- und Macht-Potenz sein. Das Erstere auch nur zu denken, verbietet schon jeder Hinblick auf die wundervoll weise Lebensconstruction jedes Thieres, jedes Geschöpfes, mehr noch des Weltkörpers und des organischen Zusammenwirkens aller lebenden und sogar todten Theile und Kräfte. Freilich wohl gibt es häufig Leute, welche auf den Glauben an ihren Verstand Anspruch machen, und dennoch diese wundervoll weise Welt-Organisation als einen materiellen Urzufall betrachtet wissen wollen, nun, sehen diese Menschen denn nicht, daß die Menschheit nicht einmal physisch fortleben konnte, ohne den Glauben ihrer Allgemeinheit an göttliches Dasein? daß das Menschengeschlecht alle das Glaubensgefühl an Gott, ihm als Lebensbedürfniß fühlbar eingeprägt, mit zur Welt bringt, daß mithin die absolute Nothwendigkeit göttlichen Daseins hervorleuchte? Ist aber die Welt das Werk einer weisesten Gottheit, dann muß auch jeder Theil eine vernünftige Bestimmung haben, und die menschliche ist unschwer zu erkennen aus der physischen und aus der geistigen Construction und Wesenheit des Menschen. Physisch für seine Subjectivität fast wehrlos, würde sein Geschlecht im Einzelnleben der Theile sehr früh die Beute der Raubthiere geworden sein. Die Möglichkeit seiner physischen Erhaltung ruhte nur im Gesellschaftsleben, in welchem wir ihn vom Anfang der Schöpfung an finden. Wir finden ihn also darin, eben in Folge absoluter Lebensnothwendigkeit, der erste Zweck seines Gesellschaftslebens ist dann folgerecht der des gemeinsamen Schutzes gegen die Thierwelt, wie wir auch Thiergattungen unter gleichen Verhältnissen im gesellschaftlichen Zusammenleben finden. Aber der physische Mensch ist auch ein Geschöpf mit wilden Trieben, und ihre freie, zügellose Geltendmachung mußte den Menschen dem Menschen, gerade im Zusammenleben, gefährlicher machen als das Raubthier dem einzelnen Menschen sein konnte. Jede Raubthier-Gattung schont ihr Geschlecht, der Mensch allein wird zum wildesten blutgierigsten Feind des Menschen. Das Gesellschaftsleben würde wieder zur Unmöglichkeit, bliebe in ihm der sinnlichen Triebe der Befriedigung zügellos freigegeben. Folgerecht bedarf der Mensch zum Schutz gegen sein eigenes Geschlecht, um nur physisch fortleben zu können, — eines moralischen Zwangsgesetzes, das den Leidenschaften der Einzelnen, kraft des physischen Zwanges der Gesellschaft, durch Unterwerfung des Einzelnen unter das moralische Gesellschaftsgesetz, den Zügel anlegt. Dieses einseitige physische Bedürfniß also zwingt den Menschen nicht nur zum Gesellschaftsleben, sondern auch zum Gesellschaftsleben unter moralischem Zwangsgesetz, also ist seine Bestimmung ihm eingezeugt nicht nur als eine physische sondern auch als eine moralische. Der Mensch beherrscht weiter die thierische Welt vermöge seiner geistigen Ueberlegenheit; aber auch diese entwickelt sich allein nur im Gesellschaftsleben und bildet sich nur in ihm fort. Das Kind bleibt sogar stumm, das nicht sprechen hörte, und außer dem menschlichen Verkehr erwachsen, tritt der Mensch kaum hervor über die geistige Linie der Thierwelt. Das Gesellschaftsleben ist dem Menschen also auch für seine geistige Entwickelung eine absolute Nothwendigkeit. Und kann man dieses Gesellschaftsleben eben gar nicht bestehen ohne ein moralisches Sittengesetz in seinem Schooße, wo die Gesellschaft dem Einzelnen gegenüber mit Gewalt aufrecht erhält, muß so auch der Mensch eine solche moralische Lebensordnung auch für seine geistige Entwickelung haben, also muß diese moralische Lebensordnung doch wohl auch Urgesetz des Schöpfers sein. Diese geistige Entwickelung befähigt nun freilich wohl den Menschen, diese absolute Nothwendigkeit der Festhaltung eines Sittengesetzes in der menschlichen Gesellschaft als Grundbedingung seines Lebensdaseins zu begreifen, woraus das moderne Heidenthum unserer Tage den Lehrsatz der Selbstsucht folgern will: „daß die Erziehung der Menschen in der Erkenntniß der politischen Nothwendigkeit des Sittengesetzes, die Erziehung zu dem Lehrsatz: „Du mußt rechtschaffen sein gegen Deine Mitmenschen, damit diese es gegen Dich sind", die religiöse Erziehung für das Gesellschaftsleben entbehrlich mache," allein man will nicht sehen, daß diese vorgebliche Rechtschaffenheit ein haltloser Gedanke sei, da sie auf dem Satz ruhe. „Will ich der sein, mußt Du auch der sein!" ein offenbar abgeschmackter unlogischer Schluß, für den jede verständige Rechtfertigung fehlt, zumal da meine Rechtschaffenheit dem Anderen wohl ein moralisches Motiv sein konnte, nicht aber ein politisches sein muß, politisch mag er sie sich wünschen, aber das Interesse seiner Politik kann ihn wohl für den Schein seiner Rechtlichkeit, muß ihn nicht aber zur Vergeltung meiner Redlichkeit bestimmen, nicht zu gedenken, daß meinen Mitmenschen immer die Gewißheit meiner inneren Redlichkeit fehlen wird. Man will weiter nicht sehen, daß die Ueberzeugung von der Nothwendigkeit des Daseins einer moralischen Gesellschafts Ordnung für die subjective Lebenserhaltung, weshalb den Einzelnen ja nur als Mittel seines Schutzes, seines Egoismus gegen die übrigen Gesellschaftsglieder erkennen läßt, die er also gegen sich soweit respectiren müsse als nöthig, um dem Strafzwang der Gesellschaft nicht zu verfallen, die er natürlich übergehen könne, soweit seiner Klugheit möglich werde, ihn vor Entdeckung und Strafe zu bewahren. Denn wenn das moralische Gesetz nur ein menschliches Sicherheitsgesetz, eine für das physische Menschenleben auf Erden erfundene ist, wenn also der Mensch auf Erden nur eine physische Bestimmung hat, für welche Geist und Moral ihm nur als Mittel dienen sollen, so fehlt dem Menschen ja doch jeder vernünftige Grund, den, seine Leidenschaften in ihren Befriedigungen unterdrückenden Moralgesetz sich weiter zu unterwerfen, als er eben muß, um das höhere Uebel des Strafzwanges zu vermeiden? Sind wir aber bis zu dieser Konsequenz, so haben wir auch das sittliche Resultat, daß alle Laster freigegeben sind, sofern die Thäter ihre Entdeckung zu vermeiden verstehen, daß in der Wahrheit nur Egoismus und Klugheit alle Richtschnur zu geben haben. Und so muß das geistige Fortschreiten der Menschen nur mehr und mehr die Sicherheit der Einzelnen gefährden, und nur zu bald findet die fortschreitende List auch in der Verbindung mit Anderen und in deren kluger Benützung, in dem Mittel religiöser oder politischer Verbindung, den Weg zum Besitz der Verwaltung der Strafgewalt, zu deren Richtung gegen die übrigen Gesellschaftsglieder, und zu deren Abhaltung von den Parteigenossen. Diesen derzeitigen Inhabern der Kraftgewalt gegenüber bilden sich andere Parteien aus ganz gleichem Grunde, mit ganz gleichem Zweck, nur unter sehr anderem äußeren Vorgeben, und bald zerfleischen und zerstören nothwendig Parteikämpfe die staatliche Gesellschaft. Auf diesem Wege sehen wir bereits Amerika dem alten Europa vorangehen, auf dem Wege unserer staatlicher Auflösung, weil die Idee äußerer sittlicher Nothwendigkeit eines Moralgesetzes keine subjective Moralität ermöglicht, ohne Moralität der Glieder aber keine Moralität der Gesellschaft, kein moralisches Leben denkbar ist.

Ist also ein s. g. politisches Moralgesetz unfähig moralische Menschen, ein moralisches Leben zu schaffen, und bedarf gleichwohl die Menschengesellschaft eines solchen Gesetzes, das die Menschen selbst moralisch bildet, so folgt in weiterer unerläßlicher Consequenz die Nothwendigkeit eines, nicht von Menschen gemachten, sondern ihnen von höherer als menschlicher Machtvollkommenheit gegebenen, also eines göttlichen, eines religiösen Moralgesetzes. Die Moral der Menschen aber, dieser subjective Verzicht auf die Freiheit der Befriedigung der menschlichen Triebe, kann vernünftig denkbar nur ein Kind religiöser Auffassung der Bestimmung des Menschen auf Erden sein, entweder der Vorstellung eines Erdenlebens nach einem göttlichen Willen bei Vermeidung göttlicher Strafen auf Erden und gegen göttliche Belohnung noch in dieser Welt, oder der wahren Vorstellung, daß die Erdenbestimmung in einer veredelnden Vorbereitung des Menschen für ein überirdisches Leben ruhe, für welchen Zweck Gott den Menschen ein religiös moralisches Gesetz gegeben habe, dessen Innehaltung Gott in jenem Leben gerecht abwägen, dessen Verletzungen er strafen, dessen treue Innehaltung er lohnen und dabei die unverschuldeten Erdenleiden gerechtest vergelten werde.

Allein die erstere Vorstellung ist nicht genügend, den menschlichen Leidenschaften einen starken Zaum anzulegen, denn wenn der Mensch eben nur das irdische Leben haben soll, so wird er auch keine andere Bestimmung seines Daseins sich denken können als physischen Erdengenuß, und die Leidenschaft des Genusses wird die Furcht vor schwerer, als auch bald vorübergehender Strafe, nothwendig überwinden. Ja er wird nur zu bald im steigenden Fortschreiten erkennen, daß ebenso irdische Strafe den Bösen selten treffe, und daß der Gute hier mehr leide als der Böse. Er wird ferner erkennen, daß eine solche blos irdische Bestimmung der Menschen weder der Weisheit, noch der Gerechtigkeit Gottes entspreche, der doch ohne diese beiden Eigenschaften, als göttlicher Gesetzgeber, gar nicht denkbar sein kann, denn die blos irdische Bestimmung könnte eben nur eine physische sein, schlösse die moralische, die der Veredlung, also das moralische Leben aus, ohne welches denn doch auch das physische unmöglich wird. Und mit Recht würden die unzähligen, auf Erden so unglücklichen, als unschuldigen Menschen, über Gottes Ungerechtigkeit schreien, daß er sie nur geschaffen, um sie martern zu lassen! Sie würden eine Gottheit der Ungerechtigkeit verwerfen, und wenn die höchste Noth gekommen, wenn jede Hoffnung auf Hülfe erstickt, wenn die, aus keinem Trost, von keiner Zuversicht weiser und liebevoller Bestimmung unserer Leiden einerseits, aber auch einer künftigen gerechten Vergeltung, andererseits gestärkte Tragkraft bald erlahmt, dann frißt die Verzweiflung die Menschenseele, dann mordet der Mensch — um sich zu helfen — den Menschen, dann schlachtet der Vater die jammernden Kinder und ihnen nach sein Weib und sich! — Heute fast tägliche Erscheinungen. So bildet der Glaube der Menschen an Gott, an sein religiös-moralisches Gesetz, an des Menschen Bestimmung für moralische Veredlung und für ein höheres, veredeltes Fortleben, eine absolute innere Nothwendigkeit jedes einzelnen Menschen und des Menschheitslebens. Und eben weil das Menschengeschlecht ohne diesen Glauben gar nicht sein kann, und der Mensch die Wahrheit zu erkennen vermag, daß er diesen Glaubensgehalt mit zur Welt brachte, muß auch das Object dieses Glaubens in lebendiger Wahrheit bestehen; der Glaube muß auf mehr ruhen, als auf politischer Nothwendigkeit, er muß Resultat der Erkenntniß der Wahrheit sein. Und so ist auch die religiös-moralische Bestimmung des Menschen auf der Welt keine bloße politische Fiction, sondern eine volle, eine göttliche Wahrheit. Die Staatsgesellschaft als solche kann also nicht Zweck der Menschenbestimmung, sondern nur das erste und wichtigste, dem Menschen bestimmte Mittel für Erreichung des höheren Zweckes seyn, der seinem Daseyn vom Schöpfer zum Grunde gelegt ward, das Mittel des gegenwärtigen [illegible] und Bestandes für religiös moralische Vorbereitung auf ein einstiges unendliches Fortleben. Ist es nun also eine positive Gewißheit, daß staatliche Gesellschaften ohne diesen religiösen Glauben ihrer Glieder gar nicht bestehen, weniger noch moralisch gedeihen können, so muß ja folgerecht jede Regierung einer staatlichen Gesellschaft diesen Glauben mit höchster Sorgfalt im Schooße der Gesellschaft pflegen, denn die Grade der Innigkeit dieses Glaubens ergeben ja dann die Grade der Moralität des Volkslebens, des allgemeinen Pflichtlebens im Staate. Duldung von herumwandernden Unglauben oder gar von Angriffen auf den Volksglauben, bedeutet dann nichts Geringeres, als Duldung des Angriffs der Zerstörung der moralischen Grundlage der Gesellschaft und des Umsturzes des Willens der Nichtbefolgung der staatlichen Gesetze. Nur Albernheit oder [illegible] mit der Gottlosigkeit können daher staatliche Unbeschränktheit der Denkfreiheit und gar der, Angriffe auf den Glauben der Gesellschaftsglieder, mit [illegible] verwechseln. Der Mensch ohne Religion ist im Schooße der menschlichen Gesellschaft nur eine lästige verschlagene Bestie, vor der sich die Gesellschaft jede Stunde seines Daseyns, zu hüten trachte, versehen muß, dessen Eide selbst keine Bürgschaft staatlicher Wahrheit geben, aber Ehre und Vermögen der Mitmenschen gefährden. Er ist der Verbrecher, der ihr Gift einschleichen läßt in die übrigen Gesellschaftsglieder, um auch in ihren Herzen den religiösen Glauben, diesen einzigen Zauber menschlichen Lebens, diesen einzigen wahren Trostquell des unglücklichen Menschen zu ersticken. Muß also des Menschen Bestimmung, hier auf Erden eine religiös moralische seyn, und kann der Zweck staatlichen Daseyns kein anderer seyn, als nur für jene Bestimmung des Menschendaseyns als geeignetes Mittel zu dienen; sind dann weiter folgerecht staatliche Gesetzgebung und staatliche Regierung nur dazu da, die Bestimmung des Staatszweckes zu realisiren, so folgt daraus auch ebenso unabweisbar weiter, daß jede Staatsregierung nicht nur vor allem verpflichtet sei, den religiösen Glauben der Staatsbürger zu schützen und die Pestbeulen der Irreligiosität, sobald sie sich zeigen, [illegible], damit der moralische Leib der Gesellschaft gesund bleibe, sondern, da der Grad der subjektiven Glaubensinnigkeit der Gesellschaftsglieder auch den Grad des moralischen Lebens erzeugt, da diese moralische Veredlung und religiöse Vervollkommnung die höhere Bestimmung des Menschenlebens ist, so folgt daraus auch die weitere Pflicht jeder Staatsverwaltung, diese Innigkeit des Glaubens an eine göttliche, religiös-moralische Lebensbestimmung, an ein göttliches Sittengesetz für die Menschen zu wecken und zu stärken, wofür es im Menschenleben nur zwei Mittel geben kann: Lehre und Beispiel. Will der Staat als moralische Person wünschen auch, daß seine Glieder sein sollen, dann muß er nothwendig zuvörderst selbst den Ausdruck, das Beispiel geben. Was der Staat mißachtet, muß nothwendig auch in den Einzelnen bald die Achtung verlieren. Gibt also der Staat nicht den Ausdruck religiösen Bekenntnisses und Lebens, ist er als moralische Person irreligiös, so muß es folgerecht auch der einzelne Mensch bald werden. Und so verfehlt dann die staatliche Gesellschaft ihren religiös-moralischen Zweck und geht ihrer inneren Auflösung entgegen.

Es war also nicht ein geschichtliches Resultat einer veraltet erscheinenden Weltanschauung, daß von jeher die staatlichen Gesellschaften als moralische Personen sich zu einer Religion bekannten und dieses Bekenntniß seitens ihrer Glieder so streng überwachten, daß sie nichts Wichtiges thaten, ohne unter Opfern und Gebeten die göttliche Willenserklärung darüber und den göttlichen Beistand zu erflehen, daß sie jede Verletzung mit dem Tode des Abtrünnigen bestraften. Es lagen die richtige Erkenntniß der absoluten Nothwendigkeit des religiös-moralischen Lebens der Gesellschaft, ja selbst der religiös-moralischen Menschenbestimmung, als Motive unter. Nur wenn die Demokratie mit ihrem allgemeinen Unverstand und mit ihrem tollen Parteitreiben, mit ihren zügellosen, wilden Leidenschaften, die Regierungsgewalten an sich gerissen hatte, dann mußte natürlich auch der religiöse Zügel abgeworfen und also die Religion angegriffen werden, worauf die

Demokratie ihre ewige schöne Bestimmung, die sittliche und politische Zerrüttung und Auflösung der Staaten, vollendete, so zu Athen, so zu Rom u. s. w.

Die vorchristlichen Staaten der Heidenwelt hatten den Cultus der Kräfte der Natur, deren personificirte und vergötterte Einzelnheiten überall, nur unter verschiedenen Namen, in dem religiösen Volksglauben eingeschlossen waren, deren Culte sich nicht widersprachen, nur die Juden bildeten den Gegensatz und auch ihren streng abgeschlossenen Zweck, so oft sie aber unterjocht wurden, hatten sie dann auch den grausamsten Druck zu erfahren. Der Jude und der Ableugner der Naturgottheiten in ihrer Allgemeinheit oder in ihren Theilen, konnten also nur als Feinde der Staaten-Religionen des Heidenthums in Frage kommen. Der Jude in seinem Staate duldete aber eben so wenig einen Spott auf seine Religion, und von seinen Gliedern ertrug der jüdische Staat noch weniger ein Verleugnen Jehova's, als andere Staaten ein Verleugnen ihrer Gottheiten.

Auch mit dem Erwachsen der christlichen Kirche bekannten sich alle Staaten von Christen als politisch-moralische Personen zur Christus-Religion. Und als die verschiedenen christlichen Culte Geltung erlangt hatten, erzwangen auch alle Staaten die Einheit ihrer Glieder in diesem oder jenem Cultus, der dann die Staatskirche hieß. Nun proclamirte endlich für Deutschland der westphälische Friede gleichwohl den Grundsatz der Gleichheit der drei im Frieden begriffenen christlichen Confessionen in den einzelnen deutschen Staaten, nicht aller Culte, am wenigsten die Zulassung der Gottlosigkeit, aber auch die Gleichheit wurde in keinem Staate zur Wahrheit; man begnügte sich mit der Duldung christlicher Confessionen abweichender Meinung von der der allgemeinen Staatsgemeinde. Ja, man hielt seitens der Staaten an dem Princip der Staatskirche selbst dann noch fest, als der Staat Erwerbungen von Ländern abweichender Bekenntnisse machte, und trotzdem, daß man das Gleichheitsprincip in die Landesverfassungen eintrug. Man stellte die Bekenner der verschiedenen christlichen Religionen als *Unterthanen* im Staate einander gleich, *erkannte* auch jede der drei christlichen Religionsgemeinden als moralische Person im Staate an, aber nicht in vollem Gleichheitsverhältniß, sondern die politische Subjectivität des Staates bekannte sich doch nach wie vor zur alten Landeskirche. Nur die Formen dieses Bekenntnisses der Staaten zu christlichen Kirchen wechselten und blieben verschieden.

Die vollkommenste dieser Formen einer Staatskirche, die allein logisch richtig mit ihren Consequenzen durchdacht erscheint, war diejenige, welche sich gleichzeitig mit den Formen der katholischen Kirche herausbildete, die einfache Form des Bekenntnisses ihrer Mitgliedschaft in einer gewissen christlichen Kirche, Seiten der Staatsgesellschaft, in welcher Eigenschaft ihr die Pflichten und Rechte der kirchlichen Mitgliedschaft gleich jedem physischen Mitglied zufallen; also auch die Pflicht des Gehorsams für rein kirchliche Gesetze und Gebote, die Pflicht der Vertheidigung dieser Kirche und die Pflicht der thätigsten Förderung ihres inneren und äußeren Lebens und Wirkens. Allein man sieht wohl, daß diese Form nur katholischen Staaten möglich ist, weil die protestantischen Kirchen, sowie auch die russisch griechische Kirche, ihre höchste Kirchengewalt dem Herrn der politischen Staats-Gemeinde übertragen, also ihr Kirchen-Regiment, ihren kirchlichen Organismus, mit dem staatlichen verbunden haben.

Die Staatsgesellschaft erscheint in der katholischen Kirche als Kirchengemeinde-Glied unter der Pflicht des kirchlichen Gehorsams, folglich unter der Pflicht der Kirche das zu sein und zu leisten, was jedes Kirchen-Mitglied, soweit es befähigt ist, oder es rechtlich vermag, ihr sein soll, ihr zu leisten im Stande ist. Ist nun der heutige europäische Staat staatsrechtlich verpflichtet, gewissen Genossenschaften die Rechte moralischer Subjectivitäten zuzugestehen, so folgt daraus die Modification dieses Gehorsams des Staates gegenüber seiner Staatskirche, nämlich die Beschränkung seines Gehorsams auf die Linien, welche eben das Duldungsprincip nicht berühren, über welches in seinem Gehorsam hinauszugehen, somit über die Grenzen seines rechtlichen Vermögens, folglich über die Linien der Verpflichtung eines Kirchen-Gemeindegliedes hinauszusteigen würde.

Die anerkannten Religions-Gesellschaften im Staate, außer der Staatskirche, erscheinen im Staat als moralische Unterthanen, denen der Staat in seinem Schutz die freie, selbstständige Bewegung, wie jedem Unterthan in seinem Hause gestattet, denen er Schutz und Förderung ihres Gedeihens, wie jedem Unterthan schuldet; von denen er nur mit vollem Recht fordert, daß sie nichts thun, was die religiöse oder die politische Staatsordnung störe oder gar verletze, sowie sie ihrerseits gegen Störungen oder Verletzungen ihres kirchlichen Lebens, vom Staat geschützt werden. Sie müssen sich von der Staatskirche nur in den Consequenzen des Mangels staatlicher Mitgliedschaft scheiden, also 1. in der Staatskirche muß der Staat als ihr Mitglied zu Handhabung seiner Rechte und Pflichten repräsentirt sein, durch den höchsten Staatsbeamten für kirchliche Angelegenheiten, folglich muß dieser Beamte Bekenner der Staatskirche sein, wogegen er, den geduldeten Confessionen gegenüber, nur als politischer Repräsentant des Staates zu Handhabung der staatlichen Rechte und zur Leistung staatlicher Pflichten, gegenüber einer religiösen Corporation, erscheinen muß. Die Scheidung scheint hier nur in der confessionellen Eigenschaft des Staatsvertreters, gegenüber der Religions-Gesellschaft zu liegen, die Consequenzen der Repräsentation staatlicher Mitgliedschaft aber greifen weiter. Das Glied ist Theil und der Theil folgt dem Ganzen, soweit er rechtlich kann, nicht so wie eine freie Person der anderen. Es ändert nichts an diesem Verhältnisse, wenn der höchste kirchliche Repräsentant des Staates in kirchlichen Angelegenheiten politische Stellvertreter, unter gewissen amtlichen Namen, für die staatliche Vertretung bei den geduldeten Confessionen und ihren Kirchenvorständen, aus ihren Bekennern bestellt, denn immer unterliegen sie seinem Willen.

2. Der Staat ist Glied der s. g. Staatskirche, folglich muß auch die staatliche Lebensordnung die eines christlichen Mitgliedes sein, folglich müssen zunächst die kirchlichen Feiertage auch staatliche Geltung haben, die Bekenner der geduldeten Gemeinde müssen solche als staatliche Ordnung respektiren und jede Störung durch Gewerbsbetrieb oder sonst vermeiden, wogegen sie ihrerseits nur

sondern können, daß ihre kirchlichen Institutionen keine absichtlichen oder directen Störungen erfahren.

3. Der Zweck der Staatskirche ist der der Belebung des religiösen Glaubens und dadurch des religiös sittlichen Volkslebens der Allgemeinheit. Zugleich darf der Staat — da der Mensch nicht nur physisch hülflos, sondern auch an Geist und an Gemüth unentwickelt zur Welt kommt, also der geistigen und der moralischen Erziehung ebenso bedarf, wie der physischen, kurz da der Mensch alles nur durch Erziehung wird, gut oder bös, — die religiös-moralische Erziehung der Allgemeinheit der Jugend nicht Zufälligkeiten überlassen, sondern er muß sie der Staatskirche anheimgeben, als der allein befähigten religiösen Lehrmacht in den Augen ihrer Kirche. Und da die wissenschaftlichen Lehren überhaupt, insbesondere aber die der Naturwissenschaften und der Geschichte, so leicht gemißbraucht werden können und täglich so zahllos gemißbraucht werden, um den Lehren und Interessen einer Kirche, ja der Religion überhaupt entgegenzutreten, so daß ein solcher Vortrag wieder zerstört, was der religiöse lehrt, so tritt auch die absolute Nothwendigkeit zu Tage, zum Schutz der religiösen Erziehung, der Staatskirche die Ueberwachung des Gesammtunterrichts an allen allgemeinen Schulen, Gymnasien und Universitäten anheimzugeben. Den geduldeten Religionsgemeinschaften gegenüber kann der Staat nur die Pflicht haben, darüber zu wachen, daß aus ihrem Schooße keine Staatsfeinde der Gottlosigkeit ihm hervorgehen, sondern daß auch ihre Jugend im wahren Gottglauben erzogen werde; allein er muß auch ihnen dafür die Wahl lassen, eigene Schulen, Gymnasien und Universitäten, im Wesentlichen auf ihre Kosten, wenn auch je nach Umständen mit staatlichen Beihülfen sich zu schaffen, oder die Bildungsanstalten der Allgemeinheit mehr oder weniger mit zu benutzen, worüber die specielle Inspection dem Clerus eben der Allgemeinheit zusteht.

Aber es genügt nicht, das religiöse Leben zu wecken, es genügt nicht, der Jugend religiös zu erziehen, es bedarf auch der Erhaltung des Schutzes der Religion selbst, nicht im Jüngling oder im Manne die Glaubenslehre und die religiöse Moral wieder erhalten; es bedarf noch auch für die erwachsene Menschheit der unwandelbaren, jeden Zweifel ausschließenden Lehre der Kirche und des Musters religiös moralischen Lebens des Clerus, denn nur Lehre und Beispiele vollenden menschliche Erziehung. Aber Beides der Menschheit zu gewähren, ist jede Kirche außer Stand, wenn sie nicht freie Herrin in ihrer Lehre, ihrer Menschen- und vor Allem ihrer Priester-Erziehung und deren Festhaltung in den Schranken der Kirche sein kann. Sie muß also ihre volle kirchliche corporative Selbstständigkeit und organische Disciplinargewalt an [illegible] haben.

Ja

6. der physische Leib des Menschen ist zu erhalten, der menschliche Mensch ist es nicht anders durch geistige Güter. Der Leib wie das Gewissen, beide bedürfen des Schutzes gegen Vergiftung, als gegen einen Angriff auf ihr Leben. Und jedes Kirchengemeinde-Glied ist speciell verpflichtet, die kirchliche Gemeinschaft schützen zu helfen, folglich hat auch der Staat, zunächst als Mitglied der Staatskirche, die Pflicht vor Allem des Schutzes der Staatskirche gegen religiöse Vergiftung in Wort, Schrift oder in That. Er hat also auch insonderheit darüber zu wachen, daß nicht Schriften in den allgemeinen Landesverkehr gebracht werden, welche der Staatskirche, als der Kirche der Allgemeinheit, zuwider sind, daß sich nicht Vereine bilden, deren Zwecke auf Vergiftung und Zerstörung der Staatskirche hinausliefen, daß speciell confessionelle Schriften anderer Bekenntnisse auf deren speciellen Kreis beschränkt bleiben.

Die geduldeten kirchlichen Körperschaften dagegen stehen hier nur insoweit nothwendig zurück, daß sie vom Staat ihrerseits nicht auch fordern können, die für Vergiftung der Glaubenslehre der Staatskirche verwandten, ihnen deshalb widrigen Schriften, vom allgemeinen Volksverkehr ausgeschlossen zu erhalten, weil eben die Allgemeinheit, somit zunächst der Empfänger an sich, als Bekenner der Staatskirche zu behandeln sind; wohl aber haben sie ein Recht, auch einen Verkehr innerhalb ihrer Kirchen und Schulen, als einen directen Angriff verhindert zu verlangen. Und endlich ist der politische Staat, der die religiös-sittliche Bildung überhaupt als Grundbedingung seines Fortbestandes erkennen muß, der allen seinen Gliedern Sicherheit des Leibes und des Geistes schuldet, ebenso verpflichtet, alle Religions-Körperschaften gegen offenbare Religions- und Sitten-Verletzung zu bewahren, wie sie früher gegen die physische Verletzung. Letztere Pflicht begreifen die Staaten und haben dafür wachsame Polizei-Gewalten; aber die wichtigere erstere Pflicht, den Schutz der Seelen gegen geistige Vergiftung, hat das gelehrte Heidenthum ihnen abgewöhnt zu versehen.

Es bedingt ferner

6. die absolute Nothwendigkeit, das staatliche Leben vom religiös-moralischen Geist der Kirche durchdringen zu lassen, eine politische Stellung des Clerus im Staat und in der Gemeinde welche ihm einen wirkungsvollen Einfluß auf Gesetzgebung und Gemeindebildung gestattet, um Gesetze und staatliche Handlungen zur Förderung des religiös-moralischen Lebens hervorzurufen, verderbliche dagegen hindern zu können. Und selbstverständlich muß die Kirche der Allgemeinheit, die Staatskirche, diese kirchliche Repräsentation zugewiesen erhalten, soweit nicht ganze Gemeinden anderen Culten angehören, in deren besonderen Kreisen natürlich ihr confessioneller Clerus diese Stellung einnehmen muß, und wodurch dann eine verhältnißmäßige Vertretung solcher Religionsgemeinden auch in den gesetzgebenden Kreisen angebahnt werden kann.

Und endlich folgt

7. aus dem Schutzanspruch des Staates zur Kirche der schuldige Beistand des Clerus zu Handhabung der kirchlichen Disciplin, also die Staatsverwaltungshülfe dafür, welche freilich wieder den Protestanten gegenüber kirchenrechtlich und staatsrechtlich nicht in Frage kommen kann, weil sie ihre bischöfliche Gewalt dem Staatshaupt, also der weltlichen Macht, übertragen.

Die zweite Form der Staatskirche ist die, welche die lutherisch-protestantische Kirche in das europäische Staatsrecht einführte, als sie ihre kirchliche Gewalt der höchsten staatlichen Gewalt übertrug. Und nur zu bald suchten diese Form auch katholische Fürsten, sich ihrer mehr und weniger vollständig zu bemächtigen. Der kirchliche Organismus wird damit dem staatlichen als Theilhaber einverleibt und der Staat nimmt folgerecht einzelnen Gesetzgebung und Verwaltung im Gebiete der Kirche in Anspruch, und fordert andererseits die Übung der kirchlichen Pflichten von deren Gliedern, als staatsbürgerliche Pflichten, womit er also in der That die Kirche, als solche, als moralische Person, aufhebt und im Staate aufgehen läßt. Sind aber die kirchlichen Pflichten zu staatsbürgerlichen Pflichten gemacht, so fordert die logische Consequenz auch absolut die religiöse Einheit der Bekenner, als ausschließlich dem Staat zum Gehorsam verpflichteter Staatsbürger. Und diese Consequenz ward auch in den ersten Jahrhunderten des Protestantismus mit der höchsten Strenge durchgeführt und erhalten, so daß im lutherischen Sachsen der Churfürst den ihm lieben Kanzler Krell wegen Verdachtes calvinischen Glaubens hinrichten ließ.

Der Staat, sei es durch den Monarchen allein, sei es in Verbindung mit Volksvertretung, giebt das Glaubens- und Cultusgesetz und läßt in Kirche und in Schule als göttliches Gesetz predigen und lehren, was er als solches göttliches Gesetz beschlossen hat. Er macht also den Menschenwillen zu Gotteswillen.

Aber die Menschen, welche das Werk entstehen helfen oder es machen sehen, nehmen es natürlich nicht für Gotteswillen, sondern eben nur als das, was es ist, als ein wandelbares Menschenwerk, als ein Stück bürgerlichen Gesetzes. Es findet Gehorsam, aber es bleibt nothwendig ohne religiös moralische Wirkung. Doch auch der Jude und — schlimmer und häufiger noch — der moderne Heide, werden Mitglieder des politisch-kirchlichen Staates und damit in ihm Gesetzgeber; natürlich wird die Fälschung des christlichen Glaubens und die allmälige Auflösung des Cultus ihr [illegible] und folgenreichstes Streben. Die Früchte konnten nur traurige sein. Was haben die Häupter der protestantischen Staaten nicht im Laufe der Zeit die protestantischen Kirchen gemißhandelt! — In einem Menschenalter erlebten manche solche Länder einen dreimaligen Zwang ihres Glaubenswechsels, und sahen wir solches in den letzten Jahren nicht geschehen, so ist doch kaum erst ein Menschenalter seit dem letzten Unionszwang der Calvinisten und der Lutheraner in Preußen verstrichen; die Erneuerung bleibt jeden Tag möglich. Und kaum nach wenigen

Jahrhunderten kam man dahin, Juden und anderen Heiden in den Staatsdienst zu lassen, und nur zu bald brachte ihr rastloser Eifer es weiter dahin, daß der heutige lutherische Cultus wenig mehr noch als einige Formen sich erhielt, von Luthers Dogmen und von der Augsburger Confession aber kaum etwas blieb, und dem einzelnen Prediger frei überlassen ist, was er als lutherisches Christenthum der Gemeinde zu bieten Lust hat. — Man durchgehe die protestantischen Lande und man wird in jeder Kirche andere Lehren hören, alle unter dem Namen „lutherischen Christenthums", und doch wird man auch hören, daß der Prediger und der Laie, welche noch an den Dogmen Luthers treu festhängen, bereits als protestantische Jesuiten und Heuchler verschrieen werden.

Von den protestantischen Landen strömte aber auch das halb-nisch demokratische Gift aus in die katholischen Lande, das heute ganz Europa in kirchliche und in staatliche Anarchie stürzt. Es kam von England, von Holland und von der Schweiz. — Aber ich muß hier selbstverständlich weit davon entfernt sein, den gläubigen Lutheranern irgend einen ungerechten Vorwurf machen zu wollen, ich muß nur die absoluten Nothwendigkeiten kirchlichen Lebens und Wirkens zeigen und daran auch den Lutheranern, als das absolute Gebot auch lutherischer Kirchenerhaltung, das Hinstreben nach kirchlicher Selbständigkeit und kirchlich organischer Disciplin nachweisen.

Das Bekenntniß Calvins verwirft sogar jedes geistliche Regiment, hatte also auch kein solches an den Staat zu übertragen. Es führte vielmehr die Demokratie, in kirchlicher Form und in kirchlichen Gemeinden verkörpert, in die Staaten ein, die bald ihrer Erhaltung halber sich gezwungen sahen, diese demokratisch-kirchlichen Gemeinden unter einen einheitlichen Disciplinar-Organismus zu bringen und sie in die Formen der Staatskirche nach lutherischem Muster zu zwingen.

Man pflegt die beiden Begriffe von Staatskirchen selten scharf zu scheiden, und liebt es, unter staatlicher Kirche nur die letztere protestantische Gattung verstanden und verurtheilt wissen zu wollen, womit man zu traurigen Verwirrungen kommt.

Die Staaten des österreichischen Kaiserhauses zählen, einzeln betrachtet, fast nur katholische Einwohner, wenige umfaßten son- dere Theile des Lutherthums und des Calvinismus, oder des griechischen Bekenntnisses, immer aber blieb auch in ihnen das ka- tholische Bekenntniß das der überwiegenden Mehrheit, also der Allge- meinheit, die akatholischen Confessionen erschienen als die Ausnahmen. Und diese einzelnen Staaten, zu einem Ganzen zusammengefaßt, ergaben dann nur um so überwiegender einen katholischen Staat.

In diesem katholischen Staate galt bis auf Kaiser Josef II der altkatholische Begriff der Staatskirche, des sämmtlichen Bekennt- nisses zur katholischen Welt-Kirche, die staatliche Mitgliedschaft in ihr, allein dieser Kaiser, in Folge der vielfachen Verbindungen mit jenem bekannten, anderen heidnischen Geheimbund, auf Rathen und Eingaben von dessen Obern, erzwang nämlich vollständig die Durchführung des protestantischen Begriffs der Staatskirche in Oesterreich, verleibte den kirchlichen Organismus so gänzlich dem staatlichen, das kirchliche Vermögen so gänzlich dem staatli- chen ein und verknüpfte die kirchlichen Pflichten mit den staat- lichen, wonach folgerecht auch der Unterricht zum staatlichen Unterricht ward. Die organische Verbindung der Gläubigen mit ihrem Haupt zu Rom ward zerschnitten, und selbst die Bischöfe durften nur als Staatsbeamte zu ihren Gläubigen und Kirchen- dienern das reden, was die höheren Staatsdiener des Ministeriums für gut fanden. Die Disciplinargewalt, die Vermögens-Verwal- tung, und selbst die Erziehung der Priester und der Lehrer, zog der Staat an sich, kaum daß er eine nominelle Theilnahme der Kirche zuließ in der Schöpfung seiner Consistorien. Die Wirkun- gen konnten auch hier keine anderen seyn, als in anderen Ländern mit solcher Staatskirche — religiös-moralische Verwilderung des vom Staat erzogenen Priesterstandes, über den die Kirche keine Disciplinar- gewalt mehr hatte — religiös moralische Verwilderung der staatlich erzogenen Jugend, Entwöhnung derselben vom religiösen Pflicht- gefühl, womit man dem Menschen den Anker seines Tugendlebens nimmt, ohne welchen jedes bewußtgebende Pflichtgefühl zum Zerfallen werden muß. — allgemeine steigende sittliche Verwil- derung. — Aufruhr und Verschwörungen unter dem Scheine dieser österreichischen Staatskirche, in allen Ländern des Kaiserhauses. — Unfriede und Verschwörungen seitdem! — Wohl ist heute endlich die katholische Kirche auf dem Papier so ziemlich restaurirt; aber kaum erst hat die alte katholische Staatskirche die Erbschaft der modernen Staatskirche im Kirchen- und im Schulwesen angetreten; kaum hat sie die vom Staat erzogene Priesterschaft und die verderbte Gemeinden zur Rückleitung auf den rechten Weg übernommen, kaum begannen die ersten Blüthen mit Wiedererweckung des Volksbewußtseins hervorzubrechen, da schäumt auch schon die ganze Heidenwelt in schäumender Wuth auf über diese Restauration christlichen Kirchenthums, und gefährdet solche bereits wieder. In Zeit von ein paar Jahren kann selbst die Kirche eine religiös-moralisch, schon durch drei Generationen bis zur vierten verderbte Gesellschaft nicht wesentlich gebessert haben: auch sie bedarf erst der Erziehung künftiger Geschlechter. Ja, rasch wuchert der Same des Bösen, sehr langsam bringt der edle Same die Blüthen.

Aber so unglücklich die Periode der modernen Staatskirche für die katholische Kirche in Oesterreich war, so glücklich war sie für die akatholischen Religionsgesellschaften.

Am 13. October 1781 erschien das s. g. Toleranz-Patent, mittelst dessen die Bekenner des griechischen Cultus, die Lutheraner und die Calvinisten „die ihrer Religion gemäße Privat-Exercitium" freigegeben erhielten, mit den Rechten, der Errichtung von Bethäusern und von Schulen; auch der Bestellung von Pastoren und von Lehrern, welche von den Consistorien zu bestätigen seien, die Josef II. zu Handhabung der landesfürstlichen Rechte und der äußeren Kirchenregierung errichtete und anfangs noch einem katholischen Präsidenten unterstellte. Die Protestanten erhielten weiter das Recht des öffentlichen Begräbnisses. Der Kaiser hob die, Seitens des Staates, in Consequenz seiner Staatskirche, nicht von der katholischen Kirche, geforderten Reverse der katholischen Kindererziehung bei Schließung von Mischehen auf, schrieb beim katholischen Vater die Erziehung aller Kinder in der katholischen Religion, beim akatholischen Vater die Theilung nach dem Geschlecht vor, und ließ die Akatholischen zum Häuser- und Güterankauf, zu Bürger- und Meisterrechten, zu akademischen

Werden und zu Convertiten mittelst der Dispensationsgesuche zu, wobei der Eid nur nach den Vorschreibungen des Schwörenden geschah und er von jeder Theilnahme an katholischen Religionshandlungen freygesprochen ward. Indessen wurden den katholischen Pfarrern noch die Stolgebühren vorbehalten. — Bald folgte auch die Freygebung des Abfalles von der katholischen Kirche und das Vergessen der gehässigen Dispensgesuche. Die obere Aufsicht über Kirchen, Schulen, Prediger, Schullehrer und über kirchliches Eigenthum führten die Superintendenten unter Controle des Staates, in ungleich weiterer selbstständiger Freiheit als die Bischöfe. Zu Pastoren durften Ausländer berufen werden und Inländer durften sich auf gewissen Universitäten des Auslandes bilden. Im Jahre 1812 ward zu Teschen ein protestantisches Gymnasium mit einem Alumnate, fast nur aus Staatsmitteln, 1814 in Wien ein vollständiges protestantisch-theologisches Studium gegründet und erhalten. Und die Zulagen für die Consistorien, Superintendenten und Schuldistricten, soweit sie die Lokal-Einkünfte übersteigen, trug der Staat.

In den Patenten vom 4. März 1849 und 31. December 1851 wurde jeder gesetzlich anerkannten Kirche und Religions-Gesellschaft das Recht der gemeinsamen öffentlichen Religionsübung, die selbstständige Verwaltung ihrer Angelegenheiten, der Besitz und Genuß der für ihre Cultus-, Unterrichts- und Wohlthätigkeitszwecke bestimmten Anstalten, Stiftungen und Fonde gewährleistet. Auch wurde im Jahre 1849 bestimmt, der Präsident des protestantischen Consistoriums müsse Protestant sein, und in den allerhöchsten Entschließungen vom 23. April 1850, mit der ministeriellen Vollzugs-Verordnung vom 15. Mai 1850, ward der für die protestantischen Angelegenheiten im Cultus-Ministerium gebildeten Abtheilung eine, sie vom Minister fast unabhängig machende Geschäftsordnung gegeben.

Das Patent vom 8. April 1861 beginnt mit dem Satze: „Die Evangelischen des augsburgischen und helvetischen Bekenntnisses sind berechtigt, ihre kirchlichen Angelegenheiten selbstständig zu ordnen, zu verwalten und zu leiten." § 5 spricht allen kirchlichen Gemeinden, von der Pfarre bis zum Seniorate, der Superintendenz, und der Gesammtgemeinde, das Recht der eigenen Ordnung und Verwaltung ihrer besonderen Kirchen-, Unterrichts- und Wohlthätigkeits-Angelegenheiten und der dazu bestimmten Anstalten, Stiftungen und Fonde zu (§ 14) aber neuerdings ausdrücklich. „Für die Evangelischen beider Bekenntnisse sind bei der Regelung und Handhabung ihrer kirchlichen Angelegenheiten ohne Ausnahme lediglich und ausschließlich die Grundsätze ihrer eigenen Kirche maßgebend." Und endlich heißt es § 24: „Alle in diesem Patente nicht ausdrücklich hervorgehobenen, die staatsrechtliche Stellung der Evangelischen des augsburgischen und helvetischen Bekenntnisses in den Eingangs benannten Ländern berührenden Angelegenheiten, sind nach dem Grundsatze der, allen gesetzlich anerkannten Kirchen- und Religionsgesellschaften zugesicherten Selbstständigkeit in Ordnung und Verwaltung ihrer confessionellen Angelegenheiten zu beurtheilen und zu behandeln, und sind alle Verordnungen und Vorschriften, welche mit diesem Grundsatze und mit den vorangelassenen Bestimmungen nicht im Einklang stehen, und deren Beschaffenheit nicht von der Art ist, daß die Möglichkeit ihrer Beseitigung erst von der Hinzusetzung neuer, sofort im gesetzlichen Wege einzuleitender Bestimmungen abhängig ist, als ohne weiteres aufgehoben zu betrachten."

Der katholischen Staatskirche ward bis heute diese vollständige Selbstständigkeit nicht zu Theil. Das Patent vom 4. März 1849 hatte die freie Selbstständigkeit aller staatsrechtlich anerkannten Kirchengemeinschaften im Princip anerkannt, also auch die der katholischen Kirche. Und kaiserliche Verordnungen vom 18. und 23. April gaben dem Princip für die katholische Kirche in Oesterreich specielle Ausführung. Der [illegible] amtliche Geschäftsgang zwischen Haupt und Gliedern, zwischen Papst, Bischöfen, Geistlichen und Laien ward wieder freigegeben, damit das Recht der Bischöfe, Hirtenbriefe innerhalb der geistlichen Amtswirksamkeit zu erlassen, doch mußten diese der Staatsbehörde gleichzeitig communicirt werden. Es wurden ferner der Kirche zurückgegeben: die Rechte der Disciplinargewalt über Clerus und Laien, mit Zusicherung der staatlichen Beihülfe beim Nachweis ordnungsmäßigen Verfahrens und ohne Einfluß der weltlichen Strafen auf die bürgerlichen Rechte. Die Bischöfe erhielten das Recht zurück, den katholischen Religionslehrern und Professoren der Theologie die Lehrfunction zu ertheilen und zu widerrufen, die Vorträge für die Candidaten der Theologie vorzuschreiben, u. s. w.

Und endlich stellte das Concordat vom 18. August 1855, publicirt am 5. November 1855, die Rechtsverhältnisse der katholischen Kirche in den österreichischen Landen vertragsmäßig fest. Damit stehen in Verbindung das Schreiben des kaiserlichen Bevollmächtigten: Ecclesia catholica vom 18. August, und das päpstliche Breve Optime noscitis, vom 5. November 1855. Allein noch bis heute blieb die Ausführung eine unvollständige, und schon heute wagt man bereits, den ganzen Vertrag in seiner Rechtsbeständigkeit in Frage zu ziehen. Ueber den wahren Grund bald das weiter Unten.

Im Concordat (Art. I) gestand der Staat dem Haupte der katholischen Weltkirche für deren österreichische Theile zu, daß die katholische **Religion mit allen Befugnissen und Vorrechten, welche sie nach der Anordnung Gottes und den Bestimmungen der Kirchengesetze genießen soll**, also und vor allem mit den (von jeher auch in Oesterreich bestandenen) Vorrechten auch in den kaiserlichen Landen fortwährend geltend anerkannt sei. Der Staat bekannte sich damit also zur katholischen Religion, als zur allgemeinen Staatsreligion, den Begriff im vollen katholischen ausschließlichen Sinne aufgefaßt, und zu deren, nach ihren göttlichen Satzungen und dem uralten Herkommen eigenthümlichen Vorrechten vor anderen Confessionen, als auch besonderheit zu dem Vorrecht ihrer Allgemeinheit auch in Oesterreich. Er erkannte die katholische Kirchenverfassung, die in sich auf selbstständigem Kirchenregiment ruht, als göttliches, geltendes Institut im Staate an.

Die Consequenzen des Bekenntnisses der Mitgliedschaft des Staates in der Kirche, bezüglich der Pflichten des Staates gegen seine Kirche, übersahen wir eben, und mußten uns überzeugen, daß die volle Selbstständigkeit anderer Kirchengemeinden vollkommen dabei bestehen konnte. Auch fanden wir darunter keine Staatspflicht, welche eine schädliche Wirkung auf die Würde und Macht der staatlichen Gewalt hätte äußern können. Dennoch nahm das Concordat diese Erfahrungen des staatlichen Bekenntnisses zur katholischen Kirche nicht folgerecht alle auf, sondern es gestand dem staatlichen Kirchenregiment die gewichtigsten Rechte zu, die ihrer innersten Natur nach dem Kirchenregiment zukommen, zu welche derselbe Staat nicht einmal anderen, geduldeten Kirchen gegenüber beanspruchte, — noch mehr — die er diesen Schwestergemeinden verbürgt, da er auch deren kirchlichen Verfassungen in ihnen solche Rechte beließ. Und an der Stellung der akatholischen Kirchen zum Staat oder zur katholischen Kirche änderte das Concordat auch nicht ein Jota.

Vergleichen wir nun die heutige Stellung der Staatskirche im Staat mit den Stellungen der akatholischen Kirchen in ihm, um den kirchlichen Zukunftsplänen der heutigen Gesetzgeber gerecht würdigen zu können.

1. Muß jeder Staat — wie wir sahen — sich zu einer Kirche bekennen, so kann solche nur die der Allgemeinheit der Staatsangehörigen sein. Das Religionsbekenntniß der Allgemeinheit der Staatsbürger ist das natürliche Bekenntniß ihres Staates, solches kann nicht von Minderheiten als ein Ausnahmen hergenommen werden. Diese Berechtigung der Allgemeinheit ist eine so natürlich billige, daß sie bisher von der ganzen gesitteten Welt anerkannt ward, in Oesterreich vor dem Concordat bestand, und in diesem gar nicht ausdrücklich erwähnt ward. Es war ein natürliches Vorrecht der Allgemeinheit der katholischen Kirche.

Und in keinem Staate Europas, in dem die Katholiken in der Minderzahl leben, ist ihrer Kirche der volle Rechtsstandpunkt einer, der physischen staatsbürgerlichen Person vollkommen gleichgestellten moralischen Person eingeräumt worden, die in ihrem Inneren und in ihrem Gebiete freie Herrin ist und nur Störungen der politischen und religiösen Ordnung des staatlichen Hauses zu verantworten hat. Den akatholischen Kirchen Oesterreichs aber ward diese Stellung einer staatsbürgerlichen Subjectivität in den freiesten Formen einer staatsbürgerlichen Stellung der höchsten denkbaren persönlichen Freiheit und Handhabung der häuslichen Rechte. Der katholische Staat fordert von ihnen nichts, als Unterlassung von

Angriffen auf die kirchliche Lebensordnung seiner [illegible], also doch augenscheinlich und rechtlich dankbar das Allergeringste.

Ja, der katholische Staat gibt, wie gesagt, den protestantischen Kirchen in seinem Reich eine so freie Selbstständigkeit, wie sie kein protestantischer Staat ihnen gewährt, wie sie solche nach ihren eigenen Kirchenverfassungen nicht einmal fordern können. Der katholische Staat gab ihnen die bischöfliche Gewalt zurück.

Man vergleiche doch die Lage der katholischen Kirche in England, in Schweden, in Preußen, in Sachsen u. s. w. mit der Lage der Protestanten in Oesterreich; welche grausame Ungleichheit in den beiderseitigen Stellungen! — Ueberall ist die Stellung der katholischen Kirche nur höchstens die eines anerkannten Vereins, der sein Leben polizeilich regeln lassen muß, dem die freie Entfaltung seiner Kräfte, z. B. seiner geistlichen und kirchlichen Orden und Vereine im eigenen Zimmer, innerhalb der katholischen Kirche, nicht gestattet ist.

Die lutherische Kirche überträgt ihre höchste bischöfliche Gewalt dem jedesmaligen Landesherrn, die calvinische kennt nicht einmal eine kirchliche Einheit in einem Staat und verwirft daher auch das landesherrliche Bisthum. Aber die österreichische Gesetzgebung machte aus beiden Confessionen eine einheitliche organische Kirche und stellte sie als Macht der katholischen Kirche im Staate entgegen. Der Kaiser überträgt seine höchsten bischöflichen Rechte zur Verwaltung einem, nur aus Protestanten gewählten Kirchenrath, und nur Protestanten dürfen Theil haben an dem Regiment über Kirchen und Schulen der Protestanten, von der höchsten bis zur untersten Stellung bei diesem protestantischen Regierungs-Organismus. Den Katholiken aber ist die gleiche gesetzliche Zusicherung nirgends gemacht! Ja in Ungarn gehen thatsächlich die wichtigsten katholischen Angelegenheiten durch die Hände des akatholischen Hofkanzlers, wogegen Ungarns Calvinisten, die kaiserliche bischöfliche Gewalt verwerfend, die Wiederaufhebung des Patentes vom 1. September 1859 durchsetzten und ihre republikanisch-demokratische völlige Unabhängigkeit erworben.

2. Die Grundbedingungen der Religion. Jedes Bekenntniß durch Jeden, der sie annimmt, öffentliche, wie durch die Kirchen-

gesetzlich anerkannte Ordnung, Freiheit der Aufnahme in sie, Lehre durch die Kirche oder mit ihrer Autorität, sind allen vom österreichischen Staate anerkannten Religionsgesellschaften, in ganz gleicher Weise zugesichert. Und wer hätte glauben sollen, daß selbst die Freigebung des katholischen Cultus ein Beschwerdepunkt eines katholischen Deputirten werden könnte? Herr Giskra fand selbst diese Freiheit seiner Kirche, bezüglich des Cultusactes der Bittprocessionen höchst staatsgefährlich. — Nun, die Protestanten haben die Processionen nicht, aber eben so gut die kirchlichen Freiheiten, was der katholische Deputirte [illegible] findet. Ja, wie ein Mann von Tugend nur einer Religion die Processionen zum allgemeinen Gebet für das Gemeinwohl für verderblich erklären kann, versteht sich gar nicht.

8. Die Lehre und die Erziehung ihrer Jugend in den Glaubensansichten der Eltern, ist ebenso jeder Religionsgesellschaft gleichmäßig frei anheimgegeben. Sie dürfen ihre Schulen, ihre Gymnasien und ihre Universitäten haben, wenn sie es wollen. Nur die Schulen und die Gymnasien, nicht auch die Universitäten der Allgemeinheit oder des Staates, müssen der Ueberwachung und bezüglich der Elementarschulen, der Leitung des religiösen Unterrichtes der katholischen Geistlichkeit überwiesen bleiben, damit die Jugend der Allgemeinheit nicht durch Lehren vergiftet werde, welche den Glauben der Allgemeinheit alteriren. Ist es schon an sich ein Satz des natürlichen moralischen Rechtes, daß der Glaube einer Allgemeinheit die Erziehung der Allgemeinheit in ihm bedinge und daß die Andersgläubigen religiöser Minoritäten nicht fordern können, daß die Allgemeinheit um ihretwillen die religiöse Erziehung ihrer Jugend gefährde, daß sie die Leitung des religiösen Unterrichtes durch ihren Clerus und die Ueberwachung des Gesammtunterrichtes durch ihren Clerus aufgebe, ja wohl gar Lehrer der abweichenden Bekenntnisse für Philosophie, Geschichte und Naturwissenschaften, in welchen Wissenschaften so viele Berührungspunkte mit kirchlichen Lehren sich finden lassen, annehme, so haben die Katholiken in Oesterreich auch noch das specielle und ursprüngliche Eigenthumsrecht fast an allen Schulen und Gymnasien, denn fast alle, kaum mit einigen ganz seltenen Ausnahmen, sind ur-

sprünglich entstanden als katholisch-kirchliche Stiftungen bei und mit Klöstern, überhaupt durch kirchliches Vermögen. Und noch heute muß das eingezogene katholische Kirchenvermögen dem Staat die Mittel zum Unterhalt dieser Bildungs-Institute der Jugend geben, ja der Staat nahm es der Kirche unter dem Versprechen: es nicht als Fond für Staatszwecke, sondern als kirchlichen Fond für kirchliche und Schulzwecke zu verwalten. Mit welchem Recht, nach welchem Gesetz der Billigkeit fordern nun Protestanten und Juden, als [illegible] Unterthanen, daß die katholische Gemeinschaft in deren [illegible] Bildungsanstalten ihre Kinder nicht nur erziehen, sondern auch sogar, um der wenigen Ausnahmen halber, die religiöse Erziehung der eigenen Kinder gefährden soll?

Man kann mit Recht und Billigkeit nicht einwenden: Die Akatholiken haben die Mittel nicht, sich Gymnasien und Universitäten zu gründen, folglich muß der katholische Staat ihnen die vorhandenen katholischen [illegible]. Folgt daraus, daß Jemand arm ist, ein Recht, vom wohlhabenden Mitbürger die Theilung seiner Habe zu fordern? — Und zu welchen Consequenzen führte dieses Prinzip? — Es fiele heute einem speculirenden Fabrikanten der akatholischen [illegible] ein, in Tirol eine Fabrik anzulegen, weil — er ein gut Geschäft [illegible] und ihm sein und seiner Kinder religiöse Lehre eine Nebensache ist, die ihn nicht bestimmen kann, in protestantischer Gemeinde zu bleiben, soll nun der Staat dem Manne Kirche, Schule u. s. w. bauen und halten, oder soll das katholische Land seine katholischen Institute, um seinetwillen, als katholische aufgeben und mit ihm theilen? Wohl nehmen in protestantischen Landen die Schulen der Protestanten katholische und jüdische Kinder auf, aber an ein Aufgeben des Unterrichtes im protestantischen Geist denkt man nirgends, am wenigsten auf dem Gebiete der Geschichte. Doch schon in Beziehung des Unterrichtswesens hat das Concordat der katholischen Kirche weniger Macht zugestanden, als ihr naturgemäß zukommen sollte. Der Artikel V bestimmt nur, daß der ganze Unterricht der katholischen Jugend in öffentlichen und nichtöffentlichen Schulen der Lehre der katholischen Religion angemessen sei, die Bischöfe die kirchliche Erziehung der Jugend dahin überwachen sollen, daß bei keinem Lehr-gegenstande etwas vorkomme, was dem katholischen Glauben und der sittlichen Reinheit zuwiderlaufe. Die Bischöfe ernennen zu dieser Ueberwachung Commissäre, welche dem Unterricht beiwohnen können, und die geistliche Autorität macht der staatlichen die Anzeigen bedenklicher Wahrnehmungen, letztere aber entscheidet über die Begründung, wonach also der katholischen Kirche das eigentliche, wirksame Aufsichtsrecht über den Unterricht der Jugend gar nicht einmal zusteht, sondern zur staatlichen Ausübung geworden ist.

Nach Art. VI sichert der Kirche der Staat die Anstellung der Lehrer der Religion und der Professoren zu, d. h. der Staat läßt sich für die katholischen Bildungsanstalten der Jugend, für deren katholischen Religions-Unterricht, von der besten sachverständigsten Körperschaft, also von der competentesten Urtheilskraft in dieser Unterrichtsfrage, die geeignetsten Männer auswählen. Juden und Akatholiken können nicht die katholischen Lehrer wählen. Auf der religiös-moralischen Erziehung der Jugend ruht die ganze staatliche Sicherheit; was also vergibt sich oder verfehlt der Staat, wenn er bei der Ueberwachung einer solchen Erziehung dem Clerus immer mehr sich zur Hand gehen läßt? Welches aber charakterisirt die religiös-moralische schreckliche Versunkenheit unserer Zeit, ja das schnelle, absichtliche Streben so großer Massen von [illegible] nach völliger Zerstörung aller religiös-moralischen Volksbildung mehr, als die ebenso kühne als abgeschmackte Behauptung: nicht Beschränkung der Lehre der Wissenschaften auf die Gesetze der Harmonie mit den Lehren der Kirche und der Sittlichkeit hemme den Fortschritt in den Wissenschaften der Philosophie, der Geschichte und der Natur! Freilich können diese Wissenschaften unrichtig gemißbraucht werden, und werden es von unlautern Händen, um unsere Jugend gottlos und verderbt zu machen, allein alle Wissenschaften können vernünftig derselben nicht den Zweck haben, als Mittel sittlicher Verwilderung zu dienen und den Menschen zur Lüge, [illegible] und hernach zur gefährlichsten Bestie zu machen, — denn wären sie ein Bestandtheil des göttlichen Fluches. — Nein, das sollen sie nicht sein! sie sollen und müssen im Gegentheil, als Gottes herrlichstes Geschenk, das Mittel der religiös-moralischen Erziehung und Ausbildung dem Menschen bieten. Und ihre Lehre in Reinheit und in Wahrheit rechtfertiget diese Bestimmung. Aber das moderne Heidenthum fälscht die Lehren der Wissenschaften. Es erhebt auf dem Gebiete der Geschichte die großen Verbrecher an dem heiligen, trostreichen und veredelnden Glaubensleben der Völker, und den großen Verbrecher gegen den Seelenfrieden der Menschen, kurz es erhebt die Männer der Sünde gegen Gott und Menschen, die Männer der blutigen Greuel, zu den erhabensten, edelsten Musterbildern, und entzündet das arglose und leicht zu begeisternde Gemüth des Jünglings für den [illegible] des Lasters, der Rebellion gegen Gott und Menschen. Diesem falschen Historiker bietet, als treuer Bundesgenosse, die Hand der [illegible] Philosophie. Er lehrt mit dem jetzt von Fürsten und von Völkern dessen vergötterten Fichte dem Jüngling: „Unsere heutigen Staaten sind gar keine wahren Staaten; eine neue Ordnung muß sich bilden, in der Veränderungen statt der Gesetze gelten und Jedermann sein Herr und Gott ist. Sie wird ermöglicht, diese Umgestaltung, dadurch, daß man ein Volk durch Verzweiflung zum Bruch seiner Fesseln treibt und es dann den Nachbarvölkern zur Hülfe führet." Und endlich kommt der Naturlehrer und zeigt unserer armen Jugend, welche [illegible] die falsche Lehre nicht zu überschauen vermag: „Die Weltmaterie war von Ewigkeit und ihr Ordnungsgesetz lag in ihr, folglich ist Gottesglaube und Schöpfungsglaube nur Aberglaube, und des Menschen Bestimmung auf Erden kann vernünftig nur Lebensgenuß sein." Und solche Lehren der religiös-moralischen Verwilderung abzuhalten von der arglosen Jugend soll ein Unglück für das geistige Gedeihen der Menschheit, soll solcher Verlust für sie sein, und dem Fanatismus des katholischen Aberglaubens entspringen! — Der Staat zwingt den guten Vater den braven Sohn solchen Lehrern preiszugeben, und wenn er wird, was er nur nothwendig werden muß, ein moralisch verworfener Mensch, weil ihm das Laster als Tugend, die Tugend als Laster gelehrt ward, wenn er die Fürsten angreift zum Aufruhr gegen göttliche und gegen menschliche Ordnung, dann straft und erschießt ihn der Staat und ehrt den Lehrer mit Orden,

Titeln und Stillschweigen! Nun, ich appellire an alle rechtschaffene protestantische Geistliche, werden sie sich nicht von ihrem Gewissen gedrängt fühlen, eine solche Seelenverderbung ihrer Jugend zu hindern? Doch ihnen macht kein Volksvertreter des katholischen Oesterreich die Zumuthung solcher Duldung, den Protestanten gestattet man in ihren Schulen, welche sie sich gründen, dieses natürliche Recht zu, nur seine Kirche darf der Absolutist vor Regierung und Volk, des Heidenthums und der Verdammung der Menschen mit Beifall anklagen.

Die katholische Jugend muß ihre höhere Bildung in den vom Staate geleiteten Bildungsanstalten nehmen, darf die des Auslandes nicht besuchen, der akatholischen Jugend aber ist solches gestattet, und die Zeugnisse der Universitäten des Auslandes für sie gelten den inländischen Attesten gleich. In der Wahl ihrer Professoren und Lehrer sind die Katholiken auf Inländer beschränkt, die Akatholiken haben die ganz gleichen Rechte der Wahl und Anstellung ihrer Religionslehrer an ihren Schulen, aber ihre Wahl ist nicht auf Inländer beschränkt.

Der Art. VII des Concordats setzt ferner fest: „daß in den für die katholische Jugend bestimmten Gymnasien und mittleren Schulen nur Katholiken zu Professoren und Lehrern ernannt werden, und daß die Bischöfe die Religionsbücher zu bestimmen haben sollen; daß endlich überhaupt der ganze Unterricht nach Maßgabe des Gegenstandes dazu dienen möge, das Gesetz des christlichen Lebens den Herzen einzuprägen.“

Und über die Universitäten enthält das Concordat auch nicht eine Bestimmung. Nun, die Bestimmung der religiösen Lehrbücher durch den Clerus ist, gleich der Wahl der Religionslehrer durch ihn, einerseits nur die Verweisung des Staates auf das competenteste Fachurtheil darüber; andererseits ist das Lehrbuch nur Mittel des Unterrichtes, und das Mittel darf nicht in Widerspruch treten mit dem, wozu es dienen soll, folglich kann auch der Clerus allein, dem der religiöse Unterricht anheimgegeben bleiben muß, das geeignete Mittel wählen. Dürfte ein heidnischer Cultusminister das Lehrmittel vorschreiben, so wäre der katholische Unterricht zur Unmöglichkeit gemacht.

Im Aelteren aber ist den Katholiken kein Vorzugsrecht vor den Protestanten gegeben, denn in ihren Schulen haben ihre Geistliche alle diese Rechte in ganz gleichem Umfange.

Der § 2 des bezeichneten Patentes erkennt die ganze Religionsausübung, den Cultus, als rein innere Sache der evangelischen Kirchengemeinden an. § 11 gibt ihnen das Recht, an jedem Orte nach eigenen Grundsätzen auf gesetzlich zulässige Weise Schulen zu errichten, Lehrer und Professoren daran zu berufen, Umfang und Methode des Religionsunterrichtes selbst zu bestimmen, wobei der Unterricht in weltlichen Dingen, in gleicher Weise wie bezüglich der katholischen Schulen, gemäß der allgemeinen Unterrichtsgesetzgebung mit vollständiger Wahrung des confessionellen Characters zu ertheilen sei. Auch wird daher die Erlaubniß gegeben, mit ministerieller Genehmigung Ausländer für den Kirchen- und Schuldienst zu berufen. § 12 behält überhaupt die Regelung des protestantischen Schulwesens ihrer kirchlichen Gesetzgebung vor. Im § 23 gestattet ihnen ausdrücklich, mit Beachtung der gesetzlichen Bestimmungen, zur Förderung ihrer kirchlichen und Unterrichtszwecke, nicht nur im Inlande Vereine zu bilden, sondern auch mit gleichartigen evangelischen Vereinen des Auslandes in Verbindung zu treten.

4. Das kirchliche Regiment in seiner freien Selbstständigkeit umfaßt naturgemäß a) die Rechte der kirchlichen Gesetzgebung und der Handhabung des kirchlichen Rechtes, der Disciplin über Clerus und Laien in rein kirchlichen Dingen; ferner das Recht freier Verfügungen und Erlasse der kirchlichen Gewalten an Geistlichkeit und an Laien in Dingen des Cultus und des religiösen Lebens, b) die Freiheit der Wahlen für die geistlichen Aemter und deren Besetzungen durch das höchste Kirchenregiment; c) die ungehemmte Leitung der religiösen Erziehung der Jugend, d) die selbstständige freie Verwaltung und Erwerbung kirchlichen und Schul- oder Stiftungsvermögens, sowie die Stiftungen urkundlich, ausdrücklich oder ihrer Natur nach, der kirchlichen Leitung zugewiesen waren oder angehörten. Aber auch diese Rechte wurden im Concordat nur unvollständig, den Protestanten in der sie betreffenden Gesetzgebung dagegen weit vollständiger gewährt.

Es ward

A. in den Artikeln II, III und IV. des Concordates der amtliche Verkehr zwischen dem Papst, den Bischöfen, dem anderen Clerus und den Laien als freigegeben wieder anerkannt, und (Art. III) das Recht der Haltung von Provinzialconcilien und Diöcesansynoden nach den Kirchengesetzen, sowie die Publication der gefaßten Beschlüsse zugestanden, mithin auch das kirchliche Gesetzgebungsrecht. Auch erklärt der Art. 34: „Es solle für das Uebrige, die kirchlichen Personen und Sachen Betreffende, die Lehre der Kirche und ihre in Kraft stehende, vom heiligen Stuhle gutgeheißene Disciplin entscheiden." Die Art. X, XI, XII bestimmten die bischöflich kirchliche Gerichtsbarkeit specieller noch dahin: „Sie umfasse die kirchlichen Gerichtsfälle, insbesondere jene, welche den Glauben, die Sacramente, die geistlichen Verrichtungen und die mit dem geistlichen Amt verbundenen Pflichten und Rechte betreffen, daher auch Ehesachen nach Vorschrift der Kirchengesetze und namentlich der Verordnungen von Trient, desgleichen das Patronatrecht mit Ausschluß der Nachfolge in das weltliche Patronat, endlich über die Geistlichen überhaupt, in allen auf ihr Amt bezüglichen Dingen, sowie über Laien in rein kirchlichen Sachen. Und der Staat verpflichtete sich der Kirche zur eventuellen Rechtshilfe gegen Jedweden ordnungswidrigen Vorgang."

Alle religiös-moralische Wirksamkeit einer Kirche im Staatsleben wird wesentlich bedingt durch Reinhaltung des Glaubens, durch Reinhaltung der Lehre, durch Reinhaltung des Lebens der Geistlichen und Lehrer, als Muster des Volkslebens. Und folgerecht ist diese dreifache Reinhaltung der Kirchengemeinde nur möglich durch ein Oberhaupt mit mittleren und unteren Autoritäten zu dessen Ueberwachung und Leitung der Lehre des Glaubens und Wandels. Die Ueberlassung der einzelnen Hirten und der Glieder der Heerde an sich selbst führt nur naturgemäß zu Abschweifungen der Glieder und zu Auflösung der Einheit und der Reinheit im Glauben, in Lehre und im Wandel. Und ebenso wenig ist gegebenen Autoritäten die von ihnen geforderte Ueberwachung der Gemeinde wirksam möglich ohne Disciplinargewalt, also auch ohne Strafgewalt, doch an sich ist also eine selbststehende Nothwendigkeit. Die Reinheit des Glaubens und des Lebens der Laien aber, — diese Grundbedingung alles gedeihlichen menschlichen Gesellschaftslebens — ruht eben so selbstverständlich auf der Fernhaltung störender Einwirkungen auf die von der Kirche eingepflanzten religiös-moralischen Pflichtvorstellungen der Menschen und insonderheit also auf der Vorstellung von der Heiligkeit des christlichen Familienlebens, aus dem das ganze Gesellschaftsleben erwächst. Folgerecht mussten die kirchlichen Autoritäten auch das Recht haben, Glauben und Sitten vergiftende Schriften von den Gläubigen fern zu halten. Und folgerecht ordnete Gott selbst die Ehe an, erkannte die katholische Kirche solche als Sacrament, und folgerecht kann also auch nur der Kirche die Schließung und Lösung der Ehe zustehen. Das Recht auf Fernhaltung von verderblichen Schriften gestand in Oesterreich der Staat der Kirche zu, nicht aber das Mittel dazu, nicht die Macht, er versprach nur seinerseits die Fernhaltung, reservirte sich aber immer das höhere Urtheil über fragliche Verderblichkeiten, wie oben gezeigt. Die Ehegerichtsbarkeit über Katholiken gestand er der Kirche zu. Der Clerus selbst blieb in allen weltlichen Dingen den Staatsgerichten unterworfen, nur ward bedungen, daß Geistliche ihre Kerkerstrafen in Klöstern verbüßen, und bei Verbrechen der Bischöfe der Papst unter Mittheilung der Akten um Einvernehmen gegangen werden solle.

Indessen bewilligte der Papst, daß er die Ausübung der ihm zustehenden höheren Gerechtsamen durch Ernennung von Erzbischöfen und Bischöfen in Oesterreich üben wolle. Und mittelst Breve vom 5. November 1855 verordnete der Papst, daß gleichzeitig mit der Publication der Concilien-Beschlüsse und sonstigen Bekanntmachungen, also auch der Hirtenbriefe, ein Exemplar der Regierung zu geben sei, um solche stets im Stande zu erhalten, sich zu überzeugen, daß das kirchliche Gebiet nicht überschritten werde. Und Art 33 ward noch für alle Schwierigkeiten, die sich etwa ergeben sollten, das beiderseitige Einvernehmen stipulirt. Ein solches Einvernehmen ist speciell bedungen zur Errichtung, Theilung, Vereinigung von Pfarreien, Schaffung der [illegible] an Gymnasien und an andern Mittelschulen, Bestellung des bischöflichen Schulaufsehers, Errichtung oder neue Gebietsumschreibung von Diöcesen, Einführung von Orden und Congregationen, bestehender Geschichte in den Diöcesen, lauter Objecte des inneren eigentlichsten Kirchenwesens. Also selbst nicht einmal in diesem ihrem innersten Leben war die katholische Kirche durch das Concordat eine selbständige rechtliche Person!

Herr Golther hatte also auch falsch das Concordat mit dessen Beilagen gelesen, als er sagte: „Die bischöflichen Erlasse und Hirtenbriefe entziehen sich der Controle des Staates!" Aber das nämliche Wort, das protestantische Auffassung des Begriffs von Staatskirche geschaffen hatte, welches das Wort des Dieners Gottes zu den Gläubigen der Genehmigung des zufälligen Dieners des weltlichen Herrn und dessen Launen und kirchlichen Begriffen unterwirft, wird als übertriebene, unberechtigte Anmaßung der Staatsgewalt wieder aufgegeben. Ja der Staat hat es den Protestanten gegenüber wieder aufgegeben, nach deren Kirchengesetz es ihm doch zusteht. Warum findet nun der so gut katholische Herr Deputirte, gerade nur seiner Kirche gegenüber, diesen Act der bloßen staatlichen Gerechtigkeit so gefahrvoll? Ja warum erscheint ihm die katholische Gegenrechtsfreiheit so verderblich, ohne daß ihm die ganz gleichberechtigte protestantische auch nur einfällt? Herr Golther hatte mangelhaft gelesen, als er verkündete, der Staat habe dem katholischen Clerus die Präventivcensur abgetreten, da der Staat Repression und Vollstreckungsfreiheit sich offen hielt.

Gewiß, es wäre den Freunden der Wahrheit ungleich lieber gewesen, der ehrenwerthe Herr Deputirte hätte das Concordat mit seinen Beilagen genauer gelesen, oder weniger davon vergessen.

Nun vergleiche man doch damit die oben angegebenen §. 1 des Patents vom 8. April 1861, und man muß zugestehen, daß die Darstellung der protestantischen Kirchen eine weit präcisere, vollständigere, eine unbeschränkte ist.

Es besagt § 1: „Die Evangelischen sind berechtigt, ihre kirchlichen Angelegenheiten selbständig zu ordnen, zu verwalten, zu leiten. Bei der Regierung und Handhabung ihrer kirchlichen

Religionsparteien ohne Ausnahme sind lediglich und ausschließend die Grundsätze ihrer eigenen Kirche maßgebend."* Aber bei den Katholischen soll gegenseitiges Einvernehmen eintreten, statt der kirchlichen Grundsätze. Die protestantische Freigebung ist eine vollständige, die katholische eine bedingte, eine beschränkte, eine der staatlichen Theilnahme unterworfene. Dazu fügte das Patent vom 8 April 1861, § 14. die Gerichtsbarkeit in Ehesachen der Protestanten, ferner § 15 die Disciplinargewalt über die Geistlichen, und § 10 die Gerichtsbarkeit in Streitigkeiten über die Bestimmung und Verwendung von Kirchen-, Schul- und Stiftungsvermögen. Die katholische Kirche hat also vor ihnen bezüglich der Gerichtsbarkeit nichts voraus, als die Strafverhängung der Geistlichen in Klöstern und die Concurrenz des Papstes bei fraglichen Strafsätzen der Bischöfe. Allein da die Protestanten keine Klöster haben, so können ihre strafbaren Geistlichen in solche nicht gesperrt werden. Und da sie die bischöfliche Institution verworfen, so kann die Frage der staatlichen Behandlung solcher, ihnen gegenüber nicht vorkommen. Und somit existirt in beiden Beziehungen des Strafverfahrens ihnen gegenüber kein Vorzug der Katholiken.

Der katholische Staat aber hat die unabweisbare Pflicht, dem Clerus seiner Kirche die möglichste öffentliche Achtung zu sichern, von welcher seine Wirksamkeit auf das Volk bedingt wird. Diese Achtung aber wird nothwendig sehr gefährdet, wenn gesunkene Geistliche dem Volk vor Augen gehalten bleiben, wenn es sie gleich und gleich in den allgemeinen Verbrecherzellen sieht, als Verbrecher Cameraden mit Verbrecher-Cameraden. Das Militär hat seine eigenen Gerichte und seine eigenen Strafanstalten und Festungsarreste, und doch ist die Erhaltung moralischer Autorität ihm gegenüber ein ungleich geringeres Staatsbedürfniß.

Auch ist diese Rückgabe der alten katholischen, wenn auch nur disciplinellen Gerichtsbarkeit für die ganze Geistlichkeit ein [illegible] eine Wohlthat, weil sie nicht mehr durch willkürliche Consistorial-Verfügungen, sondern nach kirchlichem Urtheil und Recht, mit Zulassung der Berufung, gestraft werden soll. Das hat Herr Giskra zu sagen vergessen oder übersehen.

er stellt sehr irrthümlich den Geistlichen, als welcher der bischöflichen Willkür preisgegeben, dar. Er hat ferner übersehen oder vergessen, und sprach deshalb wider gegen die Wahrheit. Bischöfe können in Oesterreich jedes Verbrechen begehen, sie sind straflos, stehen über der staatlichen Gerichtsbarkeit. Die ganze Wahrheit reducirt sich auf das Recht des Papstes, die Acten über den Proceß communicirt zu erhalten und dabei gehört werden zu müssen; denn Bischöfe sind Fürsten der Kirche und hohe Lehensträger des Papstes, ihres höchsten Kirchenfürsten, der ihnen, wo nöthig, Schutz gegen ungerechte Gewalt schuldet. Sie sind die Stellvertreter des heiligen Vaters in den einzelnen Ländern, die Organe also auch der heiligen Kirche, die als solche frei und mit Sicherheit die Rechte und Interessen der Kirche müssen vertheidigen können mit Wort und mit That. Und die Geschichte lehrt auf jedem Blatt das alltägliche Streben der staatlichen Autoritäten, die heilige Kirche zur modernen Staatskirche, die Diener Gottes zu blinden Dienern menschlicher Willkühr herabzudrücken; ja jedes Blatt der Geschichte zeigt die Leidenschaft der weltlichen Autoritäten, den christlichen Widerstand gegen die Unterjochung der Kirche unter Menschenwillkür als Empörung des Unterthans zu behandeln. Bedarf es also für eine Standesclasse einer Exemtion von den Gesetzen des criminellen Processes, so ist eine solche angezeigt der Stand der Vertreter der heiligen Kirche. Und erinnerte sich denn der ehrenwerthe Herr Deputirte gar nicht einmal, daß er selbst mit seinen politischen Freunden eine solche, ja eine ungleich höhere Exemtion von den bürgerlichen Strafgesetzen für sich und für seine Freunde zur angeblichen Sicherung der freien Vertretung der Volksrechte gegen die Krone in Anspruch nahm? — Oesterreich enthält nicht 100 Bischöfe, aber es zählt einige tausend Mitglieder des Reichsrathes und der Landtage. Die Bischöfe haben naturgemäß keine anderen Interessen als die der heiligen Kirche, die Deputirten aber zeigen auf jedem Blatt der Weltgeschichte Vertretung menschlicher Parteileidenschaften. Die Deputirten gehen meist hervor aus den bürgerlichen Ständen, und würden — hätten sie sich nicht über das bürgerliche Strafgesetz erhoben, gerichtet von ihres Gleichen, zu meist von ihren Parteigenossen. Der Bischof aber ist dem Urtheil seiner Reichsstandesgenossen, zu seiner Gegner preisgegeben, weshalb man wohl die Nothwendigkeit einiges speciellen Schutzes für den Bischof, nicht aber für den Deputirten begreifen wird, sollte man denn doch wohl in den Gliedern der auserwählten Diener Gottes nicht leicht Verbrecher finden wird, die in den Reihen der, aus allen Ständen, nach Parteileidenschaften gewählten Deputirten, leider nur zu oft erscheinen. Oder waren es nicht eben unverantwortliche s. g. Volksvertreter, welche König Karl von England, welche Ludwig von Frankreich auf die Blutgerüste schleppen ließen, welche so viele Könige vertrieben, so viele blutige Revolutionen machten? — Und der Strafbereich gegen den Mann Gottes bleibt der weltlichen Macht, der höchste Kirchenfürst fordert nur seine Controle, aber gegen den Mann der Volksparteien bleibt die Strafgewalt dem Staate nicht, sobald der Verbrecher der Parteimehrheit in der Kammer angehört, denn sie hat absolutes Veto. Doch freilich, ich vermag mich noch nicht zu der erhabenen Idee aufzuschwingen, daß der Schuster als Deputirter ein Unverletzlicher der Volkssouveränität wird, und als Mitsouverain, gleich dem Monarchen, über dem Gesetz stehen muß, daß der Bischof dagegen in die Reihen der gemeinen Staatsunterthanen gehört!

B. Auch die Freiheit der Wahlen für die kirchlichen und Schulämter und Würden ist bezüglich der katholischen Kirche eine sehr beschränkte, bezüglich der Evangelischen eine vollständige.

Nach dem Concordat behält der Kaiser das Recht mit Ausschluß von A. beziehlich 3. die Erz- und Bisthümer sowie die Canonicate zu besetzen, deren Vergebung er vor dem Concordat hatte. Ferner ist ihm das Vorschlagsrecht über auf dem Religions- und Studienfonde beruhenden Pfarreien zugestanden. Und endlich darf nach Vorschrift des nachgeführten auf dem Concordat ruhenden päpstlichen Breve, keiner Person eine geistliche Dienststellung oder ein Beneficium, eine Professur oder ein anderes Lehramt verliehen werden, welche dem Kaiser aus politischen Gründen nicht genehm ist. So hat in der That der Kaiser im gleich mehr Einfluß auf das kirchliche Erziehungswesen, als der Papst und sein Clerus.

Die Evangelischen dagegen wählen nach dem Patente ihre Geistlichen, Senioren und Superintendenten sowie auch ihre Kirchen-Curatoren völlig frei, nur die Wahlen der Superintendenten bedürfen der kaiserlichen Bestätigung, als ihres Bischofs. Allein ungleich gewichtiger ist es, eine Wahl hindern, als eine getroffene Wahl verwerfen zu dürfen, was ungleich schwieriger und gehässiger ist.

C. Die verschiedenen Verhältnisse der Jugenderziehung und der höheren Freiheiten der Evangelischen auch hierin, wurden bereits gezeigt.

Endlich

D. Die freie Vermögensverwaltung betreffend, so bestimmen bezüglich des katholischen Kirchenvermögens die Artikel 29, 30, 31 und 32 des Concordates: Die katholische Kirche hat das Recht des Vermögenserwerbes und ihr Eigenthum wird ihr garantirt. Die Verwaltung solchen Vermögens soll Denen zurückgegeben werden, welche nach den Kirchengesetzen dazu befugt sind. Veräußerungen oder Belastungen erfordern Einwilligung von Kaiser und von Papst. Der Religions-Studienfond wird ausdrücklich als Eigenthum der Kirche anerkannt, bleibt aber nichtsdestoweniger in staatlicher Verwaltung. Ja die a. h. Entschließung vom 9. Juni 1860 und die päpstliche vom 3. April 1860 binden sogar die Verpachtung der Kirchengüter an die kaiserliche Genehmigung. Und die Vermögensverwaltung, soweit sie auch nur stipulirt ward, ist bis heute noch nicht ausgeführt, und wird auch heute schon verweigert.

Da muß man doch wohl mit Recht fragen, welche Wahrheit hat denn die ganz im Princip ausgesprochene freie Vermögens-Verwaltung der katholischen Kirche? — Fragen wir dagegen nun nach der evangelischen Vermögensfreiheit.

In den Paragraphen 16, 18 und 19 des mehrgenannten Patentes sind gleicherweise wie den Katholiken auch den Protestanten der Vermögenserwerb, der Besitz und die Verwaltung aller für ihre Kirchen-, Unterrichts- und Wohlthätigkeitszwecke bestimmten

Anstalten, Stiftungen und Fonde gewahrt. Es ward ihren Gemeinden und kirchlichen Behörden das Recht gesichert, Umlagen zur Bestreitung evangelischer Zwecke mit Zustimmung der Landesstelle auszuschreiben. Und da die oberste staatliche Kirchenbehörde nur aus Gliedern der Evangelischen bestehen darf, so ist auch die höchste Controle in den Händen der evangelischen Kirchen. Bei ihnen ist das Selbstverwaltungsrecht eine volle Wahrheit, bei den Katholiken nicht.

Woher nun das wilde Geschrei, das die Welt durchschallt, über den herzerschütternden Druck des Concordats auf die akatholischen Kirchengemeinden, ja auf Wissenschaft, Lehre und Leben? Ja, was hat das Concordat nur Neues geschaffen und wo in aller Welt liegt im Concordat das Unglück Oesterreichs, womit Herr Giskra die guten Oesterreicher so haarsträubend erschreckte? — Die akatholischen Religionsgemeinden sind augenfällig im Genuß der Selbstständigkeit und Begünstigungen, von denen mit eifersüchtiger Sorgfalt der Staat Alles abhält, was ihrer Machtentfaltung hinderlich werden könnte, wogegen die katholische Staatskirche noch in hemmenden Fesseln gehalten und bevormundet wird. Also der gläubige Protestant kann im Gefühl eines Druckes unmöglich schreien. Ja das Concordat erwähnt die Stellung der katholischen Kirche zu den akatholischen Kirchen gar nicht. — Der gläubige Katholik kann es noch weniger, denn er möchte sich der glücklicheren Stellung seiner Kirche freuen, wäre sie vorhanden. Das wilde Geschrei kann nur ausgehen von dem mächtigen geheimen Heidenthum unserer Tage und kann seine gewaltige Resonanz nur in der übergroßen Masse religiös-gleichgiltiger, aber eitler, gedankenloser Menschen finden, welche im modernen Tage-ton den Ton der allgemeinen Bildung erkennen zu müssen glauben. Es hat augenfällig nur einen Zweck, den Angriff auf den Bestand der christlich-monarchischen Staatsordnung.

Die wissenschaftliche Bildung Europas ist wesentlich das Kind der katholischen Kirche, die es erst erzog und heute ihre Sorgfalt darauf richtet, dieses ihr Kind vor Entartung abzuhalten, es in den Bahnen der Erfüllung seiner Bestimmung: wohlthätiger Erleuchtung, wohlthätiger Führung der Menschen zu sehen, kurz die Kirche strebt allein nur darnach, zu verhindern, daß die religiös-moralische Verworfenheit die Wissenschaften nicht mißbrauche, die Reinheit des Glaubens und die Reinheit des Wandels der Menschen zu vergiften! — Sie will es verhindern, daß im Schooße der Wissenschaft der Heiland der Christen zum elenden Betrüger vor der Christenheit gestempelt, Religion als Aberglauben verschrieen, die heilige Ehe als Empörung gegen Gottes Naturgesetz dem Volke gelehrt, daß überhaupt die Tugend zum Laster, das Laster zur Tugend gemacht werde. Die Wissenschaft würde dann — ich muß es wiederholen, — zum Fluch der Menschheit, sie zerstörte alle Grundlagen einer sittlichen Bewunderung und nähme somit den klaren Segenslauf von ihrer wohlthätigen Bestimmung. Der gläubige Katholik und der gläubige Protestant, beide haben solchem heidnischen Treiben gegenüber nur das einheitliche Interesse, es zu hindern. Und wenn die katholische Kirche unter den Schriften, deren Betrieb sie in ihren allgemeinen Kreisen zu hindern sucht, auch die eigentlichen, die entgegengesetzten Glaubensschriften der Protestanten begreifen muß, so haben die Protestanten in ihren engeren Kreisen ja ganz das gleiche Recht gegen speciell katholische Schriften! Aber wir sehen auch, wie wenig Vertrauen der Staat der katholischen Kirche auch in dieser Beziehung schenkt, daß er sich das Urtheil über fragliche Verderblichkeit einer Schrift oder einer Lehre vorbehält und daß er dem Volksunterrichte nur den religiösen Theil, im Uebrigen nur ein ihm untergeordnetes Mitaufsichtsrecht in den religiösen und moralischen Dingen der Kirche einräumt, daß der Staat bei den Gymnasien schon die kirchliche Mitwirkung weiter beschränkte und solche bei den Universitäten gar ausschloß, obschon er sich im Allgemeinen verpflichtete, der Kirche die Ueberwachung der religiösen Erziehung der Jugend einzuräumen, damit bei keinem Lehrgegenstande etwas vorkomme, das dem katholischen Glauben und der sittlichen Kirchen zuwiderlaufe.

Als unverzeihlichen Druck des Concordates auf das Leben verschreit man die Festhaltung der katholischen Kirche an der Bedingung ihrer Einsegnung gemischter Ehen, an der Bedingung des Versprechens katholischer Kindererziehung. Die Urheber des Geschreies wissen recht gut, daß auch davon kein Wort im Concordat

Kirche, sondern daß diese Erscheinungen nur ein natürlicher Ausfluß der Pflicht des katholischen Priesters sind, einer Pflicht, die jeder Priester einer jeden Kirche in seiner Weise hat. Jedes Kirchen-Gemeindeglied ist seiner Kirche und ist keinem Anderen verpflichtet, sie in der Religion seiner Kirche erziehen zu lassen, weil das Glied sich zur Wahrheit, zur höheren religiösen [illegible] seiner Kirche bekennt. Die Staatsgesellschaft hat, — wie wir sahen — das wichtigste Interesse an Erhaltung und Förderung der Glaubenseinigkeit im Familienleben, und diese Glaubenseinigkeit muß nothwendig zerstört werden durch die innige Verbindung verschiedener Confessionen in einem Familienverband. Zwei sich widersprechende angebliche Wahrheiten können unmöglich beide wirklich Wahrheiten, eine muß Irrthum sein. Und wer fähig ist, beide Gegensätze als Wahrheiten zu nehmen, [illegible] ja bereits seinen Glauben an die Wahrheit, die bisher er als solche erkannte. Die gegenseitige Liebe führt zu dieser gegenseitigen religiösen Glaubens-Abschwächung oder die Beständigkeit im Glauben erzeugt leidenschaftliche Kämpfe für den verschiedenen Glauben, führt mithin zum Unfrieden, zur Zerrüttung der heiligen Ehe.

Und die Geschwister verschiedener Confessionen erwachsen in dieser Glaubens-Unsicherheit und Schwäche oder in Glaubenshaß, je nachdem die Eltern das Beispiel geben. Darum sind Mischehen der religiös moralischen Grundlage des staatlichen Gesellschaftslebens so verderblich, daß sie der Staat gar nicht zulassen sollte, wie er bisher die Ehen der Christen mit Juden verboten hielt. Aber am wenigsten darf der Staat eine Kirche zwingen wollen, ihren Segen einer Ehe zu geben, in welcher die Pflichten des Kirchengliedes so schroff verletzt werden. — Und auch hier fallen die Interessen der katholischen Kirche und die der protestantischen Kirchen ganz zusammen. Auch sie müssen folgerecht an ihre Glieder die gleichartige, protestantisch [illegible] Forderung stellen, um die Reinheit und Innigkeit des Glaubens auch in ihrem Schooße zu erhalten, dann werden die [illegible] Streitigkeiten, und das Unheil religiöser Verderbung wird abgewendet vom Ganzen der Menschheit und von kommenden Geschlechtern, weggen nichts sprach als die sinnlichen Leidenschaften oder die schmutzigen Speculationen gemeiner Menschen, welche für ihre Befriedigungen ohnehin noch den weitesten Spielraum behalten, da die katholische Gemeinde über die Welt ausgedehnt ist und da die protestantischen es über große Theile der Welt sind, hier wie da bietet sich die Wahl aus Millionen; dagegen predigte man beiderseits mit Wärme die christliche Menschenliebe, die barmherzige Duldung auch dessen, was wir für Irrthum halten, im Gemüth des Nebenmenschen. Und wir werden in brüderlicher Eintracht nach wie vor mit einander fortleben, auch ohne Verschwägerungen.

Ein weiteres Geschrei erhob man über eine dreifache katholische Weigerung, einerseits über die Weigerung der Zulassung protestantischer Geistlicher zu Leichenreden und zu protestantischen Leichenceremonien auf katholischen Kirchhöfen und andrerseits über die Weigerung der Bestattung von Katholiken, welche thatsächlich im Leben von der Kirche sich abgetrennt hatten, unter kirchlichem Ceremoniell, mit kirchlichem Segen, endlich drittens über die gleichartige Weigerung solcher Bestattung von selbstbewußten Selbstmördern. Und auch diese dreifache Weigerung basirt nicht im Concordat, sondern in der Natur des Christenthums überhaupt.

Schon der Name Kirchhof und ursprüngliches Herkommen zeigen uns die Verbindung der christlichen Begräbnißstätten mit den Kirchen als deren Zubehören. Denn es strebte der Christ, wo möglich, selbst im Raum seiner Kirche, oder wenigstens ihr so nahe als irgend möglich, seine Ruhestätte zu finden. Daher umschlossen die christlichen Begräbnißplätze bis zur neuesten Zeit die Kirchen. Wurden nun auch seit der modernen Umgestaltung des Lebens die Leichen polizeilich aus den Kirchen und aus ihrem Umkreis verwiesen, so erhielten doch die neuen entfernteren Begräbnißplätze der verschiedenen christlichen Bekenntnisse die Weihen ihrer Kirchen und traten so wieder in das althergebrachte Verhältniß ihrer Zubehör. Und nur solche sind sie, ihrer innersten christlichen Bestimmung nach. Die christliche Kirche übernimmt das Christenkind gleich nach seiner Geburt und weiht es mittelst der heiligen Taufe zum Mitglied der christlichen Gemeinde. Die christliche Kirche erzieht es für christliches Leben und führt es im Leben nach christlichem Gesetz. Die Kirche segnet und weihet den Ehebund ihrer Kinder und die Kirche bereitet sie vor, vor Gott zu erscheinen. Sie nimmt den verlassenen Leichnam, segnet ihn und bettet das christlich verstorbene Kirchenglied zu dem christlich verstorbenen Mitgliede, damit es mit seinen Glaubensbrüdern Jesu einstigen Ruf der großen Auferstehung erwarte. Aber dem armen Menschen soll heute nun einmal nichts gelassen werden, das ihm Trost seiner jammernden Seele, das ihm Stütze im guten Pfade werden könnte; er soll nicht mehr den süßen Gedanken haben, im Schooße seiner Kirche dem Rufe seines göttlichen Erlösers entgegenschlummern zu dürfen. Er darf nichts weiter haben als den Tod; sein Leib wird zum Kadaver, der Kirchhof zum Anger, nur dazu bestimmt, Kadaver auf ihn zu verscharren. Kadaver bei Kadavern, Katholiken, Protestanten, Juden, Muhamedaner und Heiden, für die Leichen gibt es kein Heiligthum mehr, für sie keine Erwartung von Christi Ruf, sie alle sind nur gleiche, der Fäulniß verfallende Kadaver! — Dagegen hielten von jeher alle christlichen Kirchen ihre Kirchhöfe heilig als kirchliche Zubehörungen, und gestatteten nur in den dringendsten Fällen des Mangels eines Kirchhofes seiner Kirche am Orte, einem verstorbenen Christen anderer Confession das stille Begräbniß ohne Ceremoniell seiner Kirche, denn ein zweifacher religiöser Cultus in einer kirchlichen Zubehör, als Cultus zweier sich widerstreitender Wahrheiten, ist vernünftig nicht zulässig und möchte zu verderblichen Glaubensschwankungen in den Gemeindegliedern verleiten, welche können auch hier die gläubigen Protestanten und die gläubigen Katholiken nur das einheitliche Interesse haben, das der Festhaltung an der ursprünglichen kirchlichen Praxis. Und mit welchem Rechte will man eine kirchliche Gemeinschaft zwingen, ihr Eigenthum Fremden zur Mitbenutzung zu überlassen? — Schlimmer als der Fremde aber steht der thatsächlich Abtrünnige von einer Kirche ihr gegenüber. Er hat seine Pflichten als Kirchenglied mißachtet, er hat sie schwer verletzt, er hat den Segen seiner Kirche nicht gesucht, so lange er lebte, er konnte ihn nicht wünschon für die Zeit seines Todes, denn er that nichts, ihn sich zu sichern; er hat keinen Anspruch auf Segen, genug, wenn ihn kirchliche [illegible] von dem Fluch verschonte, wenn die Kirche zögerte, ihn auszustoßen, weil sie ihm Zeit zur Besserung lassen wollte. Ja, die Kirche ist nach Gottes Willen großmüthig und vergibt dem schweren Sünder, aber sie kann nur den Reuigen in ihren Schooß wieder aufnehmen, nur ihn kann sie wieder segnen; der Segen auf des Gottlosen Haupt wäre Heiligung des Lasters, eine furchtbare Lehre der Menschheit! —

Und der selbstbewußte Selbstmörder stößt sich wissentlich gewaltsam aus dem Schooße seiner Gemeinde, verletzt wissentlich ein Gebot Gottes von tiefer Bedeutung und nimmt sich selbst die Möglichkeit der Reue! — Mit welchem Rechte kann er dafür noch den Segen seiner Kirche fordern? — Und welche religiös-moralische verderbliche Wirkung auf die christlichen Gemeindeglieder würde die Kirche hervorrufen, welche Tugend, Verbrechen und Laster in gleicher Weise ehren und segnen wollte?

Darum haben alle christlichen Kirchen eben auch in diesen beiden besprochenen Fällen ganz die gleiche Praxis bis zur neuesten Zeit beibehalten und müssen darum daran ferner festhalten. Aber über die protestantische Praxis schreit man noch nicht, weil zunächst die katholische Kirche erst gebrochen werden muß! —

Aber das Concordat war doch jedenfalls politisch Oesterreichs Unglück, denn es verscherzte alle Sympathien des gebildeten Europa, besonders Deutschlands für Oesterreich, und machte so, daß es isolirt ward und ringsum feindliche Nachbarn erhielt! — So lautet der letzte Schrei über das arme Concordat.

Nun, wir sahen, daß das harmlose Concordat gar nichts Neues schuf, sondern nur als Staatsvertrag den Katholiken in Oesterreich nachträglich die Rechte sicherte, welche den Protestanten in dem entschiedensten Maße gegeben waren, daß dieser Staatsvertrag die Rechte der Akatholiken gar nicht berührte, mithin den akatholischen Deutschen sehr gleichgiltig sein mußte. Folgerecht also konnten Oesterreich auch die Sympathien des protestantischen Deutschland damit weder gewonnen noch verwirkt werden. Welche Sympathien also können die Schweizer in Wahrheit im Sinn haben? — Selbstverständlich nur die derjenigen Menschen, welche den Umsturz der katholischen Kirche oder, — wahrer gesprochen — aller christlich monarchischen Staatenordnung überhaupt erstreben, einer Menschenclasse, welche freilich leider die gebildeten [?] sogenannten Bildungsschichten Europa's durchzogen hat, und ihr Denken und Reden in Wort und in Schrift sehr mißbraucht [?]. Sie schrie freilich wüthend auf, als das Concordat abgeschlossen ward, und hörte seitdem nicht auf, darüber zu schmähen, weil die Christus-Religion in dessen Handhabung [?] ein Bollwerk gegen sie erhalten hatte! — Das katholisch monarchische Oesterreich soll also das Bollwerk wieder niederreißen, das dem entfesselten Heidenthum den Kampf wider die christlich monarchische Ordnung erschwert, um die Ruhe dieser Urbekämpfer [?] zu gewinnen durch Hingabe an ihre Großmuth! — Das katholische Kaiserhaus soll seine katholischen Unterthanen um ihre Liebe und Treue, soll diese Allgemeinheit seiner Unterthanen um sich bringen [?] und sie ihren Feinden opfern, um sich dagegen diese Urbekämpfer [?] von Kirche und Thron zu versöhnen! — Nur der unerhörten Unverschämtheit der heidnisch-demokratischen Umsturzparthei unserer Tage, ward die Kühnheit der Forderung an die Monarchen möglich, sich ihnen mit Hinopferung der moralischen Ordnung [?] zu ergeben, macht- und wehrlos, auf Gnade und Ungnade, dem Verderben [?]! — Und nur die ganze grenzenlose Rathlosigkeit der Jetztzeit konnte solche Forderung als Rettungsmittel annehmen und in die Hinopferung der Treue willigen. So weit wie das gewaltige Kaiserreich überblicken [?], sehen wir mit Jammer alle Leidenschaften zu wilden verzehrenden Flammen angefacht. Soll man gewaltsam auch die gefährlichsten aller Flammen, die des ewigen Glaubens und des fanatischen Unglaubens gegen einander schlagen machen? — Oesterreich hatte sein Concordat und Oesterreich hatte alle Sympathien der Katholiken und der Protestanten Deutschlands, alle Sympathien der Monarchisten aller Länder; und mit wahrer Begeisterung ergriff im letzten Kriege die ganze deutsche Bevölkerung Oesterreichs Sache. Oesterreich selbst hemmte den Uebergang zur That und opferte den begei-

140

ſtrten Willen der Mittel- und Kleinſtaaten, dem Trugbild des Bundes mit Preußens Regierung. — Woher aber dieſe Sympathien? — Weil Oeſterreich allen Chriſten gerecht war und als Schutzmacht der Erhaltung der chriſtlich-monarchiſchen Ordnung erſchien. Noch wollen die Völker keinen Umſturz ihrer chriſtlich monarchiſchen Verfaſſungen. Die Monarchen ſelbſt nur ermöglichen ſolchen einer [illegible] Partei, deren unverhältnißmäßiges Geſchrei ſie ſehr irrig für die Volksſtimme nehmen, und der ſie, davon eingeſchüchtert, erſt die eigene Macht leihen, kraft dieſer den Umſturz gewaltſam und ſehr gegen den Willen der Allgemeinheit zu vollenden. Dieſe leidende Allgemeinheit der conſervativen Elemente Deutſchlands ſah in Oeſterreich ihre Schutzmacht, und war freudig bereit, ihr Gut und Blut zu opfern. Alſo dieſe ſo zahlreichen als mächtigen Bundesgenoſſen ſoll Oeſterreich von ſich werfen, um die ihnen und jedem chriſtlich-monarchiſchen Staate gleich lebensfeindlichen Elemente des demokratiſchen Judenthums ſich zu Bundesgenoſſen zu gewinnen, alſo um mit ihnen die Zerſtörung von Kirche und von Staat ſelbſt zu vollenden.

Betrachtet man alſo das Concordat weder die altkatholiſchen chriſtlichen Gemeinden, noch das ſtaatliche Leben im großen Ganzen, gibt es ſomit in der That auch nicht einen haltbar gemachten Beſchwerdepunkt dagegen, ſo muß denn doch wohl der eigentliche Grund des heutigen Concordatſturmes geheim gehalten ſein. Doch ihn zu finden iſt nicht ſchwer; er leuchtet klar aus dem hervor, das man an die Stelle des jetzigen chriſtlichen Staatenlebens mittelſt des ſ. g. Religions-Edictes ſetzen will. — Ihn auszuſprechen, iſt nicht erlaubt.

Der Staat ſoll zunächſt vom Chriſtenthum gelöſt werden, aber das Concordat iſt der Klammerung zwiſchen dem Staat und der katholiſchen Kirche, welches auch er vor Allem gebrochen werden, ſoll die Löſung möglich ſein. Und um ihn doch wenigſtens mit einigem anderen Scheine von Berechtigung brechen zu können, muß die Sophiſtik der Begriffe von dem Ehren der beiden Subjecte, welche contrahirten, und von dem Contract ſelbſt, ſchon, die eine Contrahenten darf nicht die katholiſche ehrſchriftliche

Weltkirche, in ihrem Oberhaupte repräsentirt, sehe, sondern es müssen diese Weltkirche zur Unterthanenschaft katholischen Glaubens in Oesterreich und der Papst zum Oberbischof derselben in Oesterreich herabgedrückt werden. Man muß zunächst den protestantischen Begriff der Staatskirche den Katholiken aufzwingen, um sie in beliebige Formen pressen zu dürfen, indem man sie der staatlichen Menschen-Gesetzgebung unterwirft.

Freilich hat Herr Giskra damit Recht, daß nicht der Beherrscher von Mittelitalien mit dem Beherrscher Oesterreichs den Staatsvertrag schloß, aber damit wird die Thatsache nicht umgestoßen, daß der heilige Vater im allgemeinen Staatenrecht Europas anerkannt ist als Souverain der katholischen Weltkirche, welche in Mittelitalien ihren eigenthümlichen Regierungssitz hat, woraus unabweislich folgt, daß diese souveraine Weltkirchen-Macht mit anderen Souveränetäten völkerrechtlich geltende Staatsverträge zu schließen berechtigt ist, und daß Verträge zwischen zwei Souveränetäten über Verhältnisse ihrer beiderseitigen, gleichviel ob kirchlichen oder politischen Unterthanen, ihrer inneren Natur nach Staatsverträge sind, also auch, daß das Concordat ein solcher ist. Denn zum Glück der Menschheit kann und darf die katholische Kirche in ihren Theilen sich nicht in Staatskirchen zersplittern, nein, sie ist eine organische Welteinheit, eine moralische Weltperson mit Haupt und Gliedern, anerkannt im Völkerrecht Europas. Und was das Christenthum den Menschen werth, so daß es ihnen bis heute blieb, — das muß selbst der gerechte und beobachtende Protestant zugestehen, — war die schöne Frucht dieser göttlich weisen Kirchen-Institution. Wohl ist auch sogar die katholische Kirche in ihrem Schooße angefressen vom Unglauben der s. g. bürgerlichen Bildungsklassen, — eine Folge hauptsächlich ihrer langjährigen gewaltsamen Gleichmachung mit der protestantischen Stellung zum Staat, — wohl ist auch sie in ihrer äußeren Machtstellung tief erschüttert, weil fast in allen Staaten die Grundsätze von den Lebensgrundsätzen des Christenthums geschieden wurden, aber sie steht doch noch als Welteinheit innerhalb der politischen Staaten, und mit innerer Lebenskraft, mit einer im großen Ganzen gleichartigen Wissenschaft; ihre

Erhaltung und Wiedereinführung oder ist das Lebensbedürfniß der ganzen christlichen Welt, also aller gläubigen Christen, gleichviel welchen Bekenntnisses, denn es handelt sich nicht mehr um Katholicismus, oder Lutherthum, oder Calvinismus, sondern um Christenthum oder um Heidenthum. Der katholische Weltorganismus ist Grundbedingung fortschreitender einheitlicher moralischer Weltgestaltung; denn er allein stellt das christliche Sittengesetz, das die Menschheit in ihrer Allgemeinheit zu einem Grad [illegible] tener Freiheit, Gesittung und Wissenschaft heranbildete, wie ihn die heidnische Vorwelt nie kannte und wollte, [illegible] über menschliche Willkür, unter den Schutz seiner kirchenpolitischen Weltmacht, unerreichbar den einzelnen Machthabern für ihre willkürlichen, unsittlichen, und als solche verderblichen Fälschungen, ein reines, unbedingt giltiges Sittengesetz'. — Darum nimmt die katholische Kirche das Bekenntniß der Staaten als kirchliche Mitglieder zu ihr an, aber sie kann keinen ihrer Theile zu einer modernen Staatskirche machen lassen, denn die Zuweisung des Theiles an die staatliche Gewalt wäre ja die Ablösung von der einheitlichen kirchlichen Gewalt, wäre also die Auflösung der Welteinheit. Die Kirche hat Erzbisthümer und Bisthümer in den Staaten, aber keine Bisthümer staatlicher Kirchen.

Auch Oesterreich hat daher nur eine Zahl katholischer bischöflicher Gemeinden, welche Mitglieder der großen katholischen Weltgemeinde sind und nach europäischem Staatsrecht in und mit dieser katholischen Weltgemeinde, den Papststuhl als ihren Regierungssitz besitzen, in ihm ihr souveraines kirchliches Welt-Oberhaupt. Und mit diesem in Europas Staatsrecht anerkannten Souverain der katholischen Weltkirche, nicht mit einem Erzpatriarchen von Oesterreich, schloß der Kaiser den Staatsvertrag über Modificationen der Uebung des souverainen päpstlichen Kirchenregimentes in Oesterreich und über die Stellung des Staates Oesterreich, als kirchliches Mitglied in dieser Weltkirche.

Ist nun also das Concordat unleugbar ein, zwischen zwei, im europäischen Staatsrecht anerkannten, souverainen Mächten, abgeschlossener Staatsvertrag, so ist er auch nach den Begriffen von Moral, von Recht und von Ehre einseitig unverletzbar, sein

Bruch wird [illegible] entschuldbar, auf den Standpunkt der Nothwehr, wenn ein Theil, in [illegible] des Vertrages, dem wirklichen Untergange zugedrängt wird, ein Fall, an den in Folge des Concordats für Oesterreich kein vernünftiger Mensch auch nur denken kann. Und welche verderbliche Folgen hat das Concordat vom 18. August 1855 für Oesterreich gehabt? — Es erhob endlich die Allgemeinheit seiner Staatsbürger, die katholischen, beinahe zu gleichem Rechte mit den [illegible], mit den Akatholiken! — Ich wäre begierig eine einzige wirklich motivirte Klage über angerichteten oder verderblichen Druck durch das Concordat zu hören oder zu lesen. — Doch, ach ja, ich muß mich erinnern die furchtbaren Wahrheiten gelesen zu haben, das Concordat von 1855 [illegible] Oesterreich die Schuldenmasse seit Joseph II! — Das Concordat machte die Schlacht von Solferino verlieren! u. s. w. Wer erkennt nicht in solchen Klagen, wer sieht aus der [illegible], womit die Männer, welche das so unschuldige Concordat für den Staat schlossen, persönlich heute verfolgt werden, nicht [illegible] Parteileidenschaft hervorleuchten? — Wer hat die Stirn, die traurige Wahrheit zu leugnen, daß überhaupt nur der Standpunkt des Antichristenthums und des politischen Radicalismus die glühenden und beharrlichen Angriffe auf das Christenthum, diese rastlose Verschwendung der geistigen und materiellen Kräfte für den Zweck, den Mitmenschen ihren tröstenden und veredelnden Christenglauben zu entreißen, erklärlich mache? — Denn ein vereinzelter Unglaube, mehr oder weniger gleichgültig, erklärt sich, aber er an sich kann kein Interesse daran haben, auch Anderen den Glauben zu nehmen, da der Ungläubige diesen ja eben nicht mag.

Man hat neuerdings den Grundsatz zur allgemeinen Geltung gebracht „Wer gegen die Constitution, als ein Werk kaiserlicher Majestät, schreibt, macht sich des Verbrechens des Hochverraths schuldig!" — Aber, war das Concordat, war das Regierungssystem vor der Constitution, nicht ebenfalls Ausdruck des erhabenen Alleinherrschers? — Warum darf die englische Presse, warum dürfen tägliche Reden sich erdreisten, Concordat und vorconstitutionelles Regierungssystem in wahrhaft schändlicher Weise mit Koth zu überwerfen, ja im Namen der Staatsbürger mit Fluch zu beleben, — im Namen der Staatsbürger, welche nichts von solchem Fluche wissen, welche Oesterreich wenigstens einig und in Machtstellung noch einmal sehen, und heute überall wilden Haß, Verwerfung der an sich wohlgemeinten Verfassung, Schwächung der Kraft und Einheit erblicken müssen?

Fehlt mir nun also jeder ersichtlich vernünftige Grund zur Umgestaltung der katholisch kirchlichen Verhältnisse Oesterreichs, und ist eine rechtliche Möglichkeit solcher Umgestaltung in Folge der staatsvertraglichen Natur des Concordats zur Zeit nicht vorhanden, so erscheint in der That eine Betrachtung dessen, was an die Stelle treten soll, überflüssig; allein die rechtlose Unmöglichkeit muß den Wortführern der Umgestaltung ebenso gut einleuchten als mir, beharren sie aber, — wie man sieht, — dennoch darauf, so muß man auch an die Möglichkeit der thatsächlichen Ausführung glauben und es nützlich finden, die Consequenzen der beabsichtigten Umgestaltung ans Licht zu heben.

Der Entwurf des sogenannten Religions-Edicts legt dem Staatsrecht den Grundsatz zu Grunde: der Staat ist eine politische Gesellschaft, und als politische Gesellschaft ist er ohne jede Religion, welche er Privatpersonen in seinem Schooße zu beliebiger Pflege anheimgegeben hat.

Daraus folgt dann zunächst, daß der Staat sich weder an einem religiösen Act als z. B. an kirchlichen Festen u. s. w. zu betheiligen, noch im Verhältniß zu den Staatsangehörigen einen solchen kirchlichen Act zu fordern habe, also weder christliche Taufe noch religiösen Unterricht, noch Trauung, noch Eid, noch religiöses Begräbniß. Es sind dies alles dem Staat gleichgültige Dinge, die er dem Belieben der Einzelnen zu überlassen hat. Er fragt in seinem Verhältnisse keinen Unterthan: Bist Du Christ? — Jude? — Muhamedaner? Heide —? oder glaubst Du gar nichts? . .

Der Staat wird damit die vernünftige Personification religiöser Negation! — der höhere, der einzige moralische Zweck des Menschenlebens und die Bestimmung aller staatlichen Gesellschaften zu Erfüllung dieses Menschheitszweckes, sind damit abgeworfen. Das physische Leben des Menschen ist als Alleinzweck seines Daseins, seine Schützung und Förderung sind als alleinige Gesellschaftszweck angenommen. Aber mit dem blos physischen Lebenszweck ist kein veredelnder Gedanke verbunden und ohne diesen auf Dauer keine veredelnde Religion, ohne solche aber kann ja eine Staatsgesellschaft, wie ich eben zeigte, nicht moralisch, ja nicht einmal blos physisch fortbestehen, weil ohne Religion auf Dauer keine Moral, ohne Moral keine innere Sicherheit, ohne diese Sicherheit kein Gesellschaftsleben denkbar erscheint.

Die blos physische Menschenbestimmung soll nur veredelten Genuß im Gesellschaftsleben erhalten, durch wissenschaftliche Gesellschafts-Erziehung, darum sollen die Schulen nur wissenschaftliche Staatsanstalten werden.

Aber Wissenschaft ohne Religion und Moral erzieht der Menschengesellschaft nur verbrecherische, daher um so gefährlichere schlauere Menschenbestien — Auch diese Wahrheit zeigte ich bereits.

Da der Staat keinen religiösen Act, also auch keine Trauung mehr fordert, so hebt er sämmtlich das religiöse Institut der Ehe damit auf und setzt den heidnischen und endlich protestantischen Concubinat an Stelle der Ehe, wozu selbst der heidnische Römerstaat sich erst in der spätern Zeit religiös-bürgerlicher Verwilderung verlor. In Zeiten der moralischen Größe Roms ward die Ehe vor dem Pontifex maximus unter Gebeten und unter dem Segen der Götter geschlossen.

Das geschlechtliche Zusammenleben und Zusammenwirken wird damit zum bloßen Rechtsgeschäft gemacht, das man vor der öffentlichen Behörde willkürlich abschließt und das man täglich willkürlich wieder aufzulösen erklären kann. Den Segen einer Kirche dazu zu nehmen, soll noch zur Zeit dem Belieben anheimgegeben bleiben, wodurch, im gegebenen Fall, aus dem gesetzlichen Concubinat eine Ehe wird; allein da der Staat keine kirchliche Wirkung mehr anerkennt, so gilt ihm der Trauungsact nichts, er erkennt keine Ehe an, sondern nur seinen gesetzlichen Concubinat, und er protokollirt und legalisirt die Wiederauflösung auch der katholischen Ehe, trotz des kirchlichen sacramentalen Characters derselben. Der Staat selbst aber also lockt die Gläubigen zur Sünde gegen Gottes Gebote, der Staat zeigt ihnen die eigene Verachtung dieser Gottesgebote, der Staat selbst zerstört das Familienlehren, das allein nur am festen und heilig gehaltenen Eheband Halt und Dauer haben kann, er selbst zerstört in diesem gesitteten Familienleben seine ganze eigene Grundlage, indem er die Begierden zu willkürlich wechselnder Befriedigung freigibt, entfesselt er die Unsittlichkeit, zerschneidet die moralischen Pflichtbande zwischen Eltern und Kindern, und macht aus der Staatsgesellschaft eine Horde unersättlicher, gierig auf eigenen Genuß und dem Verderben des Anderen speculirender Bestien.

Der Staat fordert keinen religiösen Act mehr, er fragt nicht mehr nach des Bürgers religiösem Glauben, daher nimmt er keinen Eid mehr von ihm, sondern begnügt sich an Eidesstatt mit Wort und Handschlag, — eine an sich durchaus richtige Consequenz, schon deshalb auch, weil der Eid des Mannes, dessen Religiosität eine unbekannte Zufälligkeit bleibt, keinen Werth haben kann. — Aber des Menschen Ehre und Besitzthümer hangen täglich an der Redlichkeit und Wahrheit der Zeugen und der Klage-Eide ihrer Mitmenschen, wohin nun soll der Staat mit der Sicherheit seiner Bürger kommen, wenn der Glaube an Gott und an sein dereinstiges strenges Strafgericht erstirbt, wenn damit die Pflichtgefühle erlöschen und der Mensch nur seinen Leidenschaften, seiner Habgier, und [illegible] folgt! —

Die Religion ist vom Staat, — ganz gleich dem Käsehandel — dem Belieben jedes Einzelnen anheimgegeben. Will Jemand Religion haben, so kann er sich solche machen oder eine bereits vorhandene annehmen, so lange sie ihm gefällt. Es ist erlaubt, sich zum Zweck eines Gottesdienstes zu verbinden, eben wie man sich zu einem Käsehandel, zum Betrieb einer Brauerei vereinigen und Statuten machen darf. Aber das Compagniegeschäft für Käsehandel ist noch auf festeren und gesicherteren Grundlagen basirt, als das Compagniegeschäft für Religion. Jenes ist contractlich an bestimmte Zeit oder an Lebensdauer geknüpft, zu deren Innehaltung der abtrünnige Widerstrebende auf die Klage seiner Compagnons von der richterlichen Autorität gezwungen wird, das religiöse Compagniegeschäft aber ist dem täglichen willkürlichen Bruch preisgegeben — Eine entsetzliche Inconsequenz im Interesse der Sectenstifter. Ja selbst in den Händen der Regierung tritt ein

Entwurf der Umgestaltung der religiösen Verhältnisse in Oesterreich hervor, der sogar dem siebenjährigen Kinde den beliebigen Religionswechsel freigegeben wissen will, und nicht einmal den Eltern ein Verhinderungsrecht mehr zugesteht. Schon das thierische Naturgesetz gibt den Eltern das Recht oder legt ihnen vielmehr die Pflicht auf, die unerwachsenen, der elterlichen Nahrung und Erziehung noch bedürftigen Kinder in den ihnen heilsamen Bahnen zwangsweise zu erhalten, welche zu wählen ihr Verstand noch nicht die Reife besitzt. Der Wolf setzt seine Jungen und trägt es in die bergende Höhle zurück, wenn es zur Unzeit an das Tageslicht oder an Wasser oder an den Abgrund will. Die ganze gebildete Welt begreift die Nothwendigkeit fester Ehebande und elterlicher Gewalt und Fürsorge über die noch unverständigen und hilflosen Kinder, die Pflicht elterlicher Erziehung, ja erst mit dem 21. und 24. Jahre wird der junge Mann vom Staat als selbstständiges Rechtssubject anerkannt, fähig Contracte zu schließen. Mit sieben Jahren ist der Mensch ein geistig und leiblich hilfloses Kind noch, das der Eltern oder des Vormundes geistiger und leiblicher Erziehung noch bedarf, ja für letztere erst empfänglich wird. Und ein solches geistig noch so ganz hilfloses Kind soll bezüglich der wichtigsten Entscheidung, der über seine Religion, von der des Menschen ganzes sittliches Leben abhängt, in der allein der unglückliche Mensch in den Stürmen des Lebens Trost, Ruhe und Stärke seiner Seele finden kann, — der elterlichen Gewalt entrissen sein und die folgenwichtigste aller Wahlen nach seinen zufälligen kindischen Launen machen dürfen! — Wer erkennt nicht den tiefen weiteren Eingriff des Staates in das heilige Band des Familienlebens, in die elterliche Gewalt über die Kinder? Wer übersieht den darin zu Tage liegenden thatsächlichen Ausdruck tiefster Mißachtung aller Religion, wenn ihre Wahl jedem unverständigen Kinde, gleich seinem Spielzeug überlassen bleiben soll, als ein Gegenstand ohne allen Werth? Und wem müssen nicht die ewigen verderblichen schrecklichen Folgen einer solchen Erziehung, einer solchen Behandlung der Religion seitens des Staates in die Augen springen? Wer muß sich nicht mit Erstaunen und mit Schrecken fragen, welche besondere Absicht kann einer solchen Emancipation des kirchlichen Unterstandes von der elterlichen Gewalt auf religiösem Felde zum Grunde liegen, welche schon als Emancipation des Unterstandes in directem Widerspruch mit der Weisheit der gesetzgebenden Autorität tritt, welche bei ihnen zu Tage liegenden verderblichen Wirkungen für das Subject und für den Staat, vereinbar ist mit derselben Weisheit? Die Religionen werden also Objecte weltlicher Vereinigungen, gleich den gewerblichen und den politischen. Der Staat erkennt sie als moralische Personen an und überläßt ihnen die Freiheit ihrer inneren Gesetzgebung und Verwaltung, die Freiheit ihres inneren Lebens. Sie können in ihren Gemeinden Kinder taufen, religiösen Unterricht ihnen geben, Erwachsene trauen, ihre Todten mit religiösen Ceremonien begraben; das Alles ist dem Staate gleichgültig, das sind innere Angelegenheiten; aber nach Außen, im Staatsleben, äußern sie keine Wirkungen, und der Staat hilft nicht einem [illegible] [illegible], daran Theil zu nehmen. Für den Staat gibt es keine kirchliche Disciplinargewalt, für ihn sind keine kirchlichen Würden vorhanden, am wenigsten ein Papst, er kennt nur ihm gegenüber sich gleichstehende zeitweilige Vorstände religiöser Vereine, denen er im Staatsorganismus politische Stellungen nicht schuldet, die er ihnen geben und nehmen kann. Und Herr [illegible] fand darin bereits eine Landesbeschwerde, daß Oesterreich den Kirchenfürsten sämmtliche Stellungen gegeben, deren Vernichtung zugleich einen Flügel des Oberhauses abbrechen helfen würde. Dagegen unterliegen die Religionsgesellschaften als politische Vereine der Polizeigewalt. Der Staat überwacht sie, verbietet und modificirt ihre sich gegebenen Gesetze, ihre innere Verwaltung, beschränkt ihr Wirken, ja hebt sie auf, wenn sie ihm nicht mehr behagen. Sie sind als moralische Personen staatliche Unterthanen, als solche der staatlichen Regierung und der staatlichen bürgerlichen Gesetzgebung unterworfen.

Es ist wahr, die gesetzliche Gleichheit aller Confessionen wird damit zur Vollkommenheit; nur die Quote dessen, was man ihnen von ihrem bisherigen eigenen kirchlichen Rechte nimmt, ist höchst verschieden. Die äußere Entwürdigung, die vollständigste Unterwerfung unter die staatliche Willkür theilen sie alle im gleichsten

Verhältnisse, das Geschick aber unter diesem weltlichen Joch wird immer verschieden sein, je nach den Personen, welche wechselnd den constitutionellen Staat beherrschen. — Ich will mich nicht weiter in die schwankenden unerquicklichen Erwägungen verlieren.

Kann aber der gläubige Christ, gleichviel welcher Confession er angehöre, ja kann selbst auch nur der gläubige Jude diese stetige Herabdrückung jeder Religion in die untersten Zweige des profanen politischen Lebens, diese Zerbröckelung der Säule des religiös sittlichen Zusammenhaltens ohne den tiefsten Kummer sehen? Muß nicht jeder Gläubige, gleichviel welchen Bekenntnisses, dem anderen Gläubigen die Hand bieten zum Bund gemeinsamen Widerstandes in den Schranken, welche die Staatsgesetze offen lassen gegen so furchtbare Consequenzen?

Der Kaiserstaat ist in seinen Elementen ein christlicher. Und er soll es bleiben, es fällt Niemand ein, zu wollen, daß er es nicht sei, nur soll der Staat kein christliches Bekenntniß haben! — so sagen die Freunde dieser Umgestaltung noch! — Eine Religion ohne Bekenntniß? — mein schwacher Verstand begreift den Sinn nicht! — Ich höre und lese die Worte, noch immer christlich klingende Worte, — aber ich verstehe sie nicht!

Zweites Streiflicht.

[illegible] ! — [illegible] des [illegible] Eigenthums?
(Der [illegible] Anfang, [illegible] Unterschied der Einleitung und des Schlusses, [illegible] von einem der [illegible], [illegible] und hohen Prälaten [illegible] Tage [illegible] und auf [illegible] zur Beherzigung und [illegible] überlassen.)

Einleitung,

oder

geborgt aus den ersten Belehrungsschriften, welche mit Einführung des heutigen neuenglischen Freimaurer-Systems in Frankreich, die [illegible], — in der Außenwelt Encyklopädisten genannt, — veröffentlicht und in alle Sprachen übersetzt, verbreiteten, nämlich aus dem Werke des großen Bruders Helvetius „Von dem Geiste und von den Menschen", und aus dem gemeinschaftlichen Ordenswerke der Encyklopädie, Artikel „Glückseligkeit"; geborgt endlich aus dem „Journal des Debats", Art. Paris, 23 August 1848, die Mittheilung des Berichtes des Parlamentes über das Resultat der Untersuchung der furchtbaren Mai-Revolution betreffend.

„Die Leidenschaften unterdrücken zu wollen, heißt den Staat zerstören! — Die Tugend und die Frömmigkeit sind nur die Gewohnheit der Handlungen, die einer Person nützlich sind. — Es liegt wenig daran, wenn die Menschen boshaft sind; die Schamhaftigkeit ist nur eine Erfindung der verfeinerten Wollust. Der Gewissensbiß ist nur die Furcht vor physischen Strafen, denen uns das Laster aussetzt. Das Gebot, seinen Vater und seine Mutter zu lieben, ist mehr ein Werk der Erziehung als der Natur. Das Gesetz, welches den Gatten befiehlt, bei einanander zu verzehren, ist ein grausames und barbarisches Gesetz, sobald sie sich nicht mehr einander lieben." — Daher stimmen die Menschen in der Bestimmung des Begriffes „der Glückseligkeit" darin überein, daß sie in „der Wollust" bestehe, oder wenigstens, daß die Wollust [illegible] sei, welches das [illegible] in ihr ist. Und am 22 August 1848 konnte man das „Journal des Debats" der Welt über jenen [illegible] Ausbruch der roth-schwarzen Revolution berichten."

„Wir wollen über die Namen und die Personen jenen Grad der Zurückhaltung beobachten, welchen die Gerechtigkeit uns auferlegt. Aber durch die Enthüllungen der Untersuchungs-Commission sehen wir einen sittlichen Zustand, der uns einen Schrei des Entsetzens und des Schmerzes entreißt. Umsonst würden wir die Augen vor dem tödtlichen Übel schließen wollen, durch den die ganze Gesellschaft, von der Grundlage bis zum Gipfel, in ihren Palästen, wie in ihren Höhlen be-[illegible] ist. — Wie, [illegible] aus dem Munde der Häupter des Volkes, Jener, die mit ihm gelebt, sich verschworen, gekämpft haben, [illegible] diese entsetzlichen Geheimnisse? Es ist also wahr, daß es unter der Sonne, auf dieser Erde, eine Herde von 60,000 Menschen gibt, die bereit sind, eine Stadt dem Erdboden gleich zu machen, die man früher die Hauptstadt der Gesittung nannte, 60,000 Arbeiter, sagt Ihr, die eher Paris verschwinden lassen, als zurück zu weichen. Und diesem Volke sagt man: „Du sollst Alles haben, Du sollst reich werden, glücklich, Du sollst der Erste sein, weil Du der Letzte warst." — Und an dem Tage, wo es müde wird, zu warten, nimmt es die Flinte, wälzt das Pflaster um, schwingt die rothe Fahne, dann waffnen sich die Männer, dann rennen die Weiber und Kinder, dann stellt der Arbeiter ohne Herd und Heimat, ohne Gott, und stößt den scheußlichen Schrei aus: „Rächt euch und plündert!" —

Lesen wir die Blätter, [illegible] die Anfänge unserer Tage in Oesterreich, so lesen, so hören wir im [illegible] Chor immer die schöne Phrase: [illegible] und den Staat umzugestalten zu einem Arbeitsstaat! — Wir erfahren also, daß Oesterreich jetzige als Gewaltstaat, oder ein Rechtsstaat war. — Nun verstehen wir freilich wohl, was die Begriffe von Rechtsstaat und von Gewaltstaat logisch zu bilden, allein wir vermissen dann in den, unseren Augen vorgelegten schönen Gestaltungsversuchen des künstlichen Rechtsstaates, die Bedingungen seines logischen Begriffs und finden in dem verschrieenen s. g. Metternich-Schwarzenberg'schen Gewaltstaat, nicht die Merkmale eines solchen, nach logischem Verständniß. [illegible] dürften auch diese Begriffe, wie alle wichtigeren Begriffe des Zeitalters, sehr andere, gefälschte Bedeutung erfahren haben, sowie zu „Tugend" heute „Eifer für Umsturz," „Religion" „Aberglaube," „Monarch" „Tyrann" oder „Despot," „Eigenthum" „Raub" u. s. w. in der modernen demokratischen Kunstsprache bedeuten. Logisch gedacht, — wissen wir, — bezeichnet als „Rechtsstaat" einen solchen Staat, der eine weise gerechte Gesetzgebung hat und diese gewissenhaft handhabt, wogegen der Begriff „Gewaltstaat" einen solchen Staat andeutet, in dem Willkür ungerechte Gesetze gibt, oder gerechte und weise Gesetze mißachtet. Aber ohne Gewalt ist der Rechtsstaat nicht denkbar, denn es muß eine Gewalt da sein, weise Gesetze zu geben, solche zu handhaben und sie gegen Widerstand mit Nachdruck durchzuführen und zu schützen, mithin stempelt das Dasein der wahren monarchischen Gewalt im Staat, diesen nicht zum Gewaltstaat, der Staat bleibt Rechtsstaat, so lange die monarchische Gewalt weise und gerechte Gesetze gibt und handhabt, der Staat wird erst zum Gewaltstaat, wenn die Staatsgewalt, — gleichviel ob eine monarchische oder eine republikanische — ungerechte Gesetze den Unterthanen aufbürdet und sie handhabt, oder die Gesetze mißachtend die Ruhe der moralischen oder der physischen Unterthanen verletzt. Nur Weisheit und Gerechtigkeit der regierenden Gewalt zeichnen den Rechtsstaat, Thorheit und Ungerechtigkeit ergeben den Gewaltstaat, die wahre regierende Gewalt aber ist die der Souveränetät. Ruht sie in einer Krone, so ist sie eine monarchische, ruht sie in einer Volksrepräsentation, so ist sie eine republikanische, welche sie auch in der Wahrheit bleibt, wenn sie die Vollziehung ihres Willens im Namen einer erblichen Person unter monarchischen Namen, durch ihr, der souveränen Volksrepräsentation verantwortliche s. g. Minister geschehen läßt. Die erstere Gattung souveräner Staatsgewalten ist durch die wahren Interessen ihrer monarchischen Träger auf den Rechtsstaat verwiesen, weil sie gesichert, im menschlichen und im ökonomischen Wohlstande der Unterthanen, die Würde der monarchischen Familie ruht. Die zweite Gattung der souveränen Staatsgewalten muß zum Gewaltstaat greifen, weil ihre Träger stets zeitweilige Parteimänner sind, die mit Hülfe ihrer Parteigenossen in den Wahlen sich dem Volke als Repräsentanten aufdrängen und sich einerseits mit ihrer Partei gegen das Ankämpfen anderer Parteien zu behaupten, andererseits ihre und aller ihrer Parteigenossen — deren starken Beistand sie haben müssen — meist kleinbürgerliche Glücksverhältnisse, im Vollbesitze der Macht und des Glanzes [illegible] haben, ja [illegible] haben, da jeder Tag andere Parteien [illegible] sehen kann, folglich die gegebene Zeit rasch und klug genutzt werden muß. Daher nun alle Machtstellungen, daher nun alle [illegible] in Ar[illegible] nehmen, ohne sie dem Staat, ohne sie Personen zu [illegible], welche solche Stellen der Macht, oder welche [illegible] besitzen, es geschehe der Raub in [illegible] Formen, oder wie immer. Nun, Oesterreich war unter seinen Kaisern mit den Ministern Metternich und Schwarzenberg kein solcher Raubstaat. Mußte auch unter letzterem viel gefordert werden, so geschah es in Folge der innern Revolutions- und Umsturzgefahren des Jahres 1848, und immer geschah es für den Staat, nicht für Bereicherungszwecke Einzelner. Wenn man nun also den österreichischen Staat jener Zeit, heute den „Gewalt- oder Machtstaat", der er nicht war, den heutigen Staatsausbau oder den des Rechtsstaates, der immer ja doch auch war und der jetzt auch gefordert werden soll, von dem wir hoffen, aber noch nicht wissen, daß auch er es wird, so können beider Bedeutungen nur in den Verschiedenheiten beider zu suchen sein und da finden wir als den wesentlichsten Unterschied den, daß bisher im alten Staat die Souveränität in der Krone ruhte, daß sie aber übertragen werden solle auf die Volksrepräsentation, welchen sollen Gewaltstaat der „Monarchie", „Rechtsstaat", „Republik", es sei dahin gestellt ob mit oder ohne [illegible] monarchische Verfassungs-Satzung, bedeuten. Indessen man betrachte den volkssouveränen Staat den Rechtsstaat zu nennen und berechtigt damit wenigstens zu der vernünftigen Folgerung, daß auch in ihm Recht und Gerechtigkeit gehandhabt werden sollen. Und als einen solchen Act der neustaatlichen Gerechtigkeit empfehlen die Blätter, welche uns den Rechtsstaat predigten, zunächst die Einziehung des Restes des kirchlichen Vermögens. Die Harmonie zwischen Gerechtigkeit und Eigenthumswegnahme zu fassen, war für meinen altersschwachen Verstand eine allzu hohe Zeitaufgabe, denn, — ich bekenne es der Welt, — ich vermochte nie die geistig so kühnen, als glänzenden Lehren der modernen Moral zu begreifen, und von ihnen getragen mich aufzuschwingen auf die Höhe des Zeitbewußtseins, um mit freiem, hellem Blick die schöne, malerische Wahrheit des Lebens zu übersehen und zu erkennen, die Wahrheit: „daß die Welt nur ein Tummelplatz zeitweiligen sinnlichen Menschenlebens sei, auf dem dem Erleuchteten das Moralgesetz nur das Klugheitsgesetz bedeuten könne: Welt und Menschen für sich soviel zu nutzen, als eben möglich ist, ohne der menschlichen Strafe zu verfallen, daher immer mit Anschein von Recht oder im sicheren Besitz der Gewalt!“

Genug zum Verständniß der hier fraglichen Vorbegriffe des Rechtsstaates und des Gewaltstaates der Vergangenheit und der Zukunft Oesterreichs; ich lasse über die Rechtsfrage den ehrfurchtsvoll bezeichneten hochverehrten Herrn sprechen. Er sagt:

Wie die physische Weltordnung auf gewissen mechanischen Fundamentalgesetzen ruht, deren keines verletzt oder aufgehoben werden kann, ohne den Mechanismus des ganzen Weltgebäudes außer Ordnung zu bringen und die Zerstörung des Ganzen herbeizuführen, so fließt auch die ganze moralische Weltordnung von gewissen Grundprincipien aus, und erhält sich oder zerfällt mit der Erhaltung oder mit der Verletzung dieser Fundamentalprincipe, welche Gott durch Moses, in den heiligen zehn Geboten, so weise zusammenfaßte und den Menschen lehrte. Und als ein solches Grundgesetz weiser menschlicher Weltordnung tritt das der Heiligkeit des Eigenthums hervor. Denn ohne diese Sicherheit des Eigenthums ist kein menschlicher fortwährender Fleiß denkbar, weil ihm der lockende Preis fehlt. Ohne gesichertes Eigenthum gibt es keine Entsagung, keine Sparsamkeit, weil die Vergeltung mittelst Besitzes wachsender Mittel vergißt. Ohne Fleiß und Sparsamkeit aber bleibt kein Familienwohlstand denkbar und ohne diesen endlich versinken Sitte und Bildung, weil im Kummer der geistige und der moralische Trieb ersterbe und im Mangel die Mittel zur Bildung nicht vorhanden sind. Ist nun also die Heiligkeit des Eigenthums eine Grundbedingung der wahren menschlichen Weltordnung, so kann es auch in dieser menschlichen Welt keinen Unterschied geben zwischen Eigenthumsverachtung physischer oder moralischer Personen, denn beide Gattungen von Personen erscheinen in der moralischen Welt auch als gleiche menschliche individuelle Lebens-Potenzen, mithin ist die Verletzung des sittlichen Grundprincips, der Heiligkeit des Eigenthums, von ganz gleich unmoralischem und in den Wirkungen ganz gleich verderblichem Charakter. Gebe man auch beiden Gattungen verübter Eigenthumsverletzungen verschiedene Namen; nenne man diese Wegnahme des Eigenthums moralischer Personen „Einziehung“, als ob das fremde Eigenthum rechtlich eine Zubehör des Eigenthums der einziehenden Potenz bevor gewesen sei, die man nur [illegible] habe; die Menschen erkennen doch den Raub, den man damit begeht. Und wenn auch die gedankenlose Habgier der Massen sich über solche That ihrer regierenden Potenz anfangs freut, weil sie auf Antheil am Gewinn hofft, ohne Theil nehmen zu müssen an der Sündenschuld, so weil sie den Preis [illegible] kann, als von der, von Gott geordneten Obrigkeit, mithin legitim geboten, so ziehen dieselben Volksmassen doch daraus die, ihrer Habgier nur allzusehr lockende Lehre: die von Gott gesetzte Obrigkeit selbst verwirft die religiös-moralische Lehre von der Heiligkeit des Eigenthums, folglich kann diese Lehre in Wahrheit nicht göttliches Moralgebot sein. Ja, wenn der von Gott gesetzten Obrigkeit nicht einmal das Eigenthum der Kirche Gottes selbst heilig ist, wie kann es das so unendlich [illegible] menschlich, [illegible] und unverdient erworbene Eigenthum des gewöhnlichen Menschen sein? — Wenn Gott unser Vater, und gleich liebender und gerechter Vater ist, wie verträgt es sich mit der Gleichheit seiner Vaterliebe und mit seiner Gerechtigkeit, wenn er wirklich wollte, daß Einzelne seiner Kinder, — ja nicht einmal die Besten — in Reichthum schweigen und die gewaltige Mehrheit seiner Kinder in Armuth leide? — Und die Erfahrungen der Weltgeschichte bestätigen nur allzu traurig, wie gern die Volksmassen den Glauben an die Wahrheit dieser Sätze und Folgerungen aufnehmen und geltend machen. In allen Ländern, in denen man die Beraubung des Kirchenbesitzes begann, gingen die Massen auf sophistisch-religiösem Wege über zum Gewalt-Angriff auf das Eigenthum der physischen Personen. Es geschah in allen deutschen Reichsländern von Huß an, in der s. g. großen Reformation, Fürsten, Adel und städtische Obrigkeiten griffen gierig nach der Habe der heiligen Kirche, aber kaum begannen sie den Genuß, da hörten sie mit Schrecken den Volksmassen die Lehre predigen, „Eigenthum sei Diebstahl der Einzelnen an dem, was allen Kindern Gottes gleich gehöre!“ da sahen sie mit Schaudern die Massen der Völker mit Jubel diese Lehre ergreifen und mit Feuer und Schwert gegen sich selbst zur schrecklichen Geltung bringen. Seitdem begann jede Revolution auch mit dem Angriff auf das kirchliche Eigenthum und endete mit dem gleichen Wettersturm gegen das Eigenthum der physischen Personen, sowie nicht Gewalt den Fortlauf der Revolution zu erdrücken vermochte.

Den neuesten Verlauf nahm in der Neuzeit die Revolution von 1848 in Frankreich. Auch sie begann mit allmälig weiter greifenden Angriffen auf das kirchliche Eigenthum einerseits und mit Proclamation des Gegensatzes: Heilig ist das Eigenthum! — in der Grundverfassung, allein auch sie ging nichtsdestoweniger bald zum Raub des persönlichen Vermögens über, und im Verlauf des Aufruhrs mußte bereits Jeder hergeben, was er an Metall besaß, wofür ihm der Staat das tägliche Brot gab, das er, ob Graf oder Wasserträger, früh 6 Uhr, gegen Unterschrift der Magistratur, in Reihe und Glied wartend, am Bäckerladen persönlich in Empfang nehmen mußte. Auch fanden sich bereits die Pläne zur Enteignung allen Grundeigenthums vor. Und die viertägige schreckliche Juni-Schlacht 1848 in den Straßen von Paris, zwischen dem Dictator der französischen Republik und zwischen den sogenannten Republikanern, zeigte die furchtbare Wahrscheinlichkeit einer organischen, [illegible] stigen, gewaltigen Partei. Die deutschen Hauptstädte aber hörten 1848 ihren Widerhall und heute erkennen wir diese rothe Macht als heranziehende Weltmacht, ihren rothen General Garibaldi in seiner rothen Blousen-Uniform, mit seinem Generalstabe an ihrer Spitze. Auch ist ihr Angriff auf das allgemeine Eigenthum nicht begonnen, sondern als Sozialismus vorbehalten, aber auch heute wieder begann und beginnt man bereits mit dem Angriff auf das kirchliche Eigenthum. Und auch heute erkennen, trotz allen diesen geschichtlichen Erfahrungen, die gedankenlosen Massen der Besitzenden abermals nicht die Consequenz der Reihenfolge, die an sie kommen muß; auch heute begünstigen und unterstützen sie die Angriffe auf kirchliches Eigenthum. Fragt man sich aber, welchen Werth hat das kirchliche Vermögen und welchen Werth hat seine Einziehung für die sociale Gesellschaft? — so wird man sich nur mit Ekel abwenden, von der Erkenntniß der unbegreiflichen Gedankenlosigkeit, von dem unverantwortlichen Leichtsinn der Besitzenden, welche den Kirchenraub billigen und unterstützen.

Vom ersten Tage ihrer Gründung an, erkannte die heilige Kirche Christi als eine ihrer ersten Aufgaben auch die an ihren Bekennern nicht nur im Wort, sondern auch im lebendigen Beispiel die hohe Weisheit und die gütige Güte Gottes zu predigen, welche er den Menschen in seinem Gebot der Heilighaltung des Eigenthums erwiesen habe. Seine Weisheit wollte, daß materielle Mittel sich in den Händen Einzelner, als Früchte ihres Fleißes, ihrer Sparsamkeit, sammeln und durch Vererbung in den Familien erhaltenen Werth und dauernde Fortwirkung in den Familien erhalten sollten; einerseits um die moralisch so werthvollen Tugenden des Fleißes und der Sparsamkeit zu pflegen, andererseits um durch Sorgenfreiheit und durch Freiheit von zwingender Brotarbeit, zuvörderst Einzelne für höheres Streben nach geistiger und moralischer Bildung zu ermuthigen und ihnen die nöthigen materiellen Mittel dazu zu gewähren, damit der Massen Vorbilder und Leiter ihrer Fortbildung, verständigere und mit Mitteln ausgestattete Fürsorger für ihr geistiges, für ihr moralisches und für ihr physisches Wohl gegeben seien, weil es, wie gebracht, ohne speziellen lockenden Lohn weder Fleiß noch Sparsamkeit, und ohne Lehre und Beispiel keine Fortbildung der Menschen geben kann. Diese Bestimmung, diese Pflicht dem Vermögenden als Gottes Willen zu lehren, ihnen ihren Besitz als anvertrautes Gut Gottes zur Verwendung für das Wohl ihrer Mitmenschen zu predigen, ward der Clerus nicht müde. Und das Wort trug seine schönen Früchte, so lange der fromme Glaube noch ungestört blieb, von der Vergiftung der Gottlosen der Neuzeit. Der christlich fromme Sinn der Vermöglichen überbot sich in Wohlthaten für das geistige, moralische und physische Volkswohl und legte selbst Vermögenstheile in geistliche Hände für diese menschenfreundlichen Zwecke, auch für kommende Geschlechter. Die Vermächtnisse und Gaben geschahen an das Eigenthum der Kirche, damit die Kirche in sich die Mittel habe, weitere Ausdehnung, erhöhtere Macht und Kraft für ihr heilvolles Einwirken auf die Menschen zu gewinnen und die Fürsorge für das geistige, religiös-moralische und physische Gedeihen des Volkes immer ausgedehnter und wirksamer werden zu lassen. Und so ward die heilige Kirche die Gründerin der Schulen, die Lehrerin der Künste, der Gewerbe und des Ackerbaues, die Gründerin der Hospitäler, die reichliche Ernährerin der Armen, die rastlos sorgende Mutter für sie. Ja, was der geistliche Hochwürdenträger im Leben zu sparen vermochte, das pflegte er der heiligen Kirche für Förderung des Menschenwohles zu verlassen. Man prüfe die Entstehung der Stiftungen und man wird leicht die Mehrzahl, als von Geistlichen herrührend, finden. Wer aber wird künftig solche dem Wohl der Menschheit so heilsame Stiftungen noch machen, wenn die Tagesgeschichte ihn lehrt, daß es keine Sicherheit des Bestandes der Vermächtnisse Verstorbener mehr gibt, daß ein religiös-moralischer Wille der profanen Welt nichts mehr gilt, und daß das, was er für Zwecke der Erhaltung der heiligen Kirche und ihrer wohlthätigen Wirksamkeit ihr verliehe, angeblich zur Bezahlung staatlicher Schulden geraubt werde! — Aber die erste Grundbedingung der Erhaltung und des segensreichen Wirkens der heiligen Kirche war und ist ihre würdige Selbstständigkeit, — eine Unmöglichkeit ohne umfassende Mittel. — Von der politischen Gewalt entblößt, wird der Clerus der Diener dieser Macht und nach deren Willen, als dem Gesetz, lügnerisch verbunden, [illegible] auch diese gebietende Macht in der Hand des Juden oder des Heiden, und [illegible] jüdisches und heidnisches Gebot. Und mit der Selbständigkeit fiele nothwendig auch die Ehrfurcht vor der Autorität der Kirche, weil sie eigene Autorität gar nicht mehr besitze und eine Autorität nicht mehr verehrt werden kann, die nicht mehr vorhanden ist. Das schöne und feste Band, das die unerschöpfliche Wohlthätigkeit einerseits und wachsende Dankbarkeit andererseits, zwischen der heiligen Kirche und dem Volk knüpfte, würde zerschnitten; die Volksmassen hörten auf, die sämmtlichen, vorzugsweise empfundenen Wohlthaten der heiligen Kirche zu fühlen, und würden leicht verführbar zum Abfall von der Kirche, die von ihnen nur [illegible] Selbstversagung fordern und ihnen keine leiblichen Wohlthaten mehr bieten könnte.

Dies erkannten die Feinde der heiligen Kirche gar allzuwohl und darum befolgen sie immer die Taktik: der heiligen Kirche zunächst die Pflege und Fürsorge für die armen und leidenden Volksmassen zu entziehen, dann ihr die Mittel der Wohlthätigkeit und der würdigen Selbständigkeit zu nehmen. Und um diesen Raub zu beschönigen, muß immer [illegible] Finanzverlegenheit eines Staates zu willkommenem Vorwand dienen, ohne auch nur im Ernst daran zu denken, mit diesem Kirchenraube der momentanen staatlichen Finanznoth abhelfen zu wollen. Der Werth der Erhaltung des kirchlichen Eigenthums liegt also in nichts Geringerem als in der Erhaltung der heiligen Kirche selbst. Der Raub trug aber auch noch keinem Staate selbst nur ökonomische Früchte, und wird solche keinem Staate tragen, eben weil die Absicht, damit zu helfen, gar nicht vorhanden ist, sondern die ganz andere Absicht, die der Zerstörung der Kirche, allein nur unterliegt! Auch das hat uns die Erfahrung der Geschichte nur allzu grell bestätigt.

Als die deutschen Fürsten, Adel und Stadträthe in der s. g. Kirchenreform das Kirchengut nahmen, da ward es rasch genug verschlungen, aber dem Gemeinwohl erwuchs daraus kein Nutzen, nur Einzelne bereicherten sich. Und diese Einzelnen vergingen auch noch die dürftigen Nahrungsgelder den Beamten zu geben, die man ihnen beim Raube versprach. Vergebens donnerte Luther über diese schändliche Ungerechtigkeit, es ward erst dann das nothdürftige Auskommen dem Clerus zugeordnet, als die damalige schon reife Revolution, die Waffen der Bauern, als die Wiedertäufer in Städten die Bürger, zum vollen Umsturz nicht nur der christlichen Kirche, sondern der Throne und des Eigenthums führte, und als damals Fürsten und Adel die Nothwendigkeit eines geistlichen Clerus für die eigene Erhaltung empfinden lernten.

Die französische Revolution raubte das Kirchengut unter dem Vorwand, den Staatsbankerott dadurch zu vermeiden; allein der Raub geschah, ohne daß die Schuld um einen Franken gemindert ward, Speculanten verschlangen und verschleuderten ihn und nichts blieb für den Staat. Dieser ging ungehemmt seinem Bankerott weiter entgegen. Den Beamten wurden Staatsbesoldungen zugesichert, bald aber band man die Zahlungen an die Bedingung der eidlichen Verpflichtung auf eine Constitution, welche die Fundamente der katholischen Kirche verletzte und an die Bedingung der Angelobung des Gehorsams unter die Verordnungen von Beamten, welche die volle Zerstörung der christlichen Kirche als ihre Bestimmung betrachteten. Bald folgten die Schlächtereien der unbeeideten Priester und der Zwang der beeideten Priester zur Mitwirkung für Einführung des Cultus der zeugenden Geschlechter.

In Spanien beraubte der Jude Mendizabal, Großmeister der Freimaurer, kaum Minister geworden, die Kirche ihres Eigenthums, selbst des Glockenreichthums, ebenfalls unter dem Vorwand: „der Finanznoth des Landes abzuhelfen"; allein das Land erhielt nichts davon. Die Glocken wurden zum Kanonenguß an Frankreich verkauft und Spanien mußte mit seinem Gelde die damaligen Revolutionen in Italien gegen die dortigen Bourbonen nähren, wie wir aus den Memoiren des National-Großmeisters des Ordens der Freimaurer, des Wit, genannt von Dörring, ersehen.

In Oesterreich nahm Kaiser Joseph bereits die übergroße Mehrzahl der kirchlichen Güter, aber die kaiserlichen Lande erhielten dadurch nicht eine Erleichterung, noch eine erhebliche Wohlthut, denn auch die Schulen und Gymnasien, welche davon zum Theil oder ganz erhalten werden, waren mit wenigen Ausnahmen ja schon gestiftet und erhalten von der Kirche. Sie erhielten statt kirchlicher nur weltliche Leitung, und unter ihr eine kirchenfeindliche, irreligiöse und demokratische Richtung.

Die heutigen Fürsprecher des Raubes des Restes vom Kirchenvermögen in Oesterreich wissen nothwendig, daß dieser Rest viel zu gering ist, um eine wohlthätige erhebliche Besserung der Finanzlage herbeizuführen, ja daß dieser Raub gar keine Frucht dem Staate biete, wenn dieser die nothdürftige Erhaltung des Clerus und des kirchlichen Bedarfes überhaupt dafür übernehmen soll, was thun zu wollen man sich doch wohl mindestens den Anschein geben, was man also mindestens doch versprechen muß. Gleichwohl beginnen wir heute auch in Oesterreich das zu erleben, was nach der Lehre der Geschichte in Frankreich geschah. Wie in Frankreich die Nationalversammlung das Eigenthum für heilig und vom Staat geschützt erklärte, gleichwohl aber erst der heiligen Kirche, dann den Personen, von der Staatsgewalt selbst alles Eigenthum genommen ward, so begann in Oesterreich heute eine Fraction des Reichsrathes, im s. g. Religions-Edict, die staatliche Sicherung alles Vermögens der religiösen Gesellschaften auszusprechen. Aber auch hier hindert diese specielle staatliche Gewährleistung nicht, bereits den Religions- und den Studienfond, obschon nach ausdrücklichem Zugeständniß ihrer kirchlichen Eigenschaften seitens des Staates, doch dem Staat unter dem Vorwand zu vindiciren: die Einziehung des kirchlichen, besonders des Jesuiten-Vermögens, sei für den Fiscus geschehen und dem Studienfonde seien auch einige Bestände anderen als kirchlichen Ursprunges einverleibt worden. Die Haltlosigkeit dieser Argumente liegt zu Tage. Die ursprüngliche Einziehung kirchlicher Vermögensbestände blieb eine staatliche Gewaltthat, also ohne rechtliche Wirkungen. Erkannte aber später die staatliche Autorität dieses Unrecht an und versprach die Erhaltung, nun so bekannte sie sich damit nur ehrlich zu einer Pflicht. Und wurden dem Studienfond nicht-kirchliche Bestände zugemischt, so erscheinen sie ja doch als vereinzelte Ausnahmen in der kirchlichen Allgemeinheit und sind von ihr wieder ausgeschieden, aber die kirchliche Natur der allgemeinen Masse können sie ja doch vernünftig denkbar nicht ändern. In der That begann man also doch damit nur den ersten Angriff auf kirchliches Vermögen zu machen. Und doch springen der hohe Werth der Erhaltung des kirchlichen Vermögens einerseits, die volle Rechtlichkeit der Einziehung für die Staatskassen andererseits, und die Höhe der Gefahr für die Erhaltung der staatlichen Sicherheit und des Eigenthums überhaupt, als Folge des Kirchenraubes, jedem Unbefangenen in die Augen.

Berichtigungen.

Seite 9, Zeile 1, statt „[illegible]" lies „[illegible]."

Seite 16, Zeile 3 von unten, muß vor den Worten „der Erhaltung" die Nummer 4. eingefügt, das „, nach „[illegible]" weggelassen und hinter „Erhaltung" eingefügt werden, nach dem Worte „[illegible]" ist gleichfalls ein , zu setzen.

Seite 25, Zeile 10 von unten, statt „[illegible]" ist „[illegible]" zu lesen.

Seite 31, Zeile 16 von unten, ist hinter „[illegible]" einzuschalten. ([illegible], „Die [illegible] der [illegible]"), S. 150—172.

Seite 52, Zeile 11 von oben, statt „[illegible]" ist zu lesen „[illegible]".

Seite 63, Zeile 15, statt „[illegible]" ist zu lesen „[illegible]".